PHILOLOGIST

フィロロジスト

言葉・歴史・テクスト

小野 茂

南雲堂

はしがき

　古稀を迎えるに当って、これまでに書いた文章の中からまだ単行本に収録していないものを選んで一冊の本にしようと思った。しかしこの際ただ未収録のものを集めるだけでは、一冊の書物とする意味がなく、すでにこれまでの著作に収めたものも幾つか再録出来れば、それだけよく私の全体像を示すことになるだろうと考えた。その旨を南雲堂の原　信雄氏に話すと、南雲堂から出したものの中から再録することは構わないという、有難い返事を頂いた。

　私の最初の仕事は英語法助動詞の歴史的研究で、それを纏めて『英語法助動詞の発達』（研究社、1969）とした。その後の道は、一方でフィロロジカルな英語史研究の方法の考察、他方で法助動詞研究から派生した古英語語彙研究の二つになった。これらを本書の第Ⅰ部「フィロロジーと英語史」、第Ⅱ部「古英語の語彙」とした。次に最近関心を抱いている文学作品の言葉を扱ったものを第Ⅲ部「テクストと曖昧性」とし、そこに本書のために書き下ろした未発表の一編（11．修辞・多義・廃用——þurfan の場合）を加えた。第Ⅳ部「日本の英語学とフィロロジー」は私の立場から見た日本の英語学史の断面であり、第Ⅴ部「フィロロジーの道」は自伝的文章である。第Ⅵ部「書評」には敢えて語学の専門書以外の書物を選んで、フィロロジーの射程を示したつもりである。なお再録した文章には多少手を入れたことを断っておく。

本書の表題を『フィロロジスト——言葉・歴史・テクスト』としたのは、テクストの言葉を歴史的な立場から研究するのがフィロロジストとしての私の主な仕事だからである。
　ここで、転載の許可を与えられた出版社および編集者の方々に謝意を表する。そして最後になったが、今回も出版に際してお世話になった南雲堂の原　信雄氏に心からお礼申し上げたいと思う。

　2000年8月

　　　　　　　　　　　　　　　　　　　　　　　小野　茂

目　次

はしがき　*1*

I　フィロロジーと英語史
  1. 中英語研究における諸問題について　*7*
  2. 中世紀英語散文の文体　*35*
  3. フィロロジーのために　*65*

II　古英語の語彙
  4. 最近の OE 語彙研究　*77*
  5. 古英語の認識動詞とその歴史的背景　*96*
  6. Standard Old English をめぐって　*126*

III　テクストと曖昧性
  7. *Beowulf* 70 行　*145*
  8. Ēadig mon (*Beowulf* 2470b) は 'Wealthy' か 'Blessed' か　*154*
  9. Malory の言語に見られる曖昧性－fayne の場合　*174*
  10. Fair と fæger　*183*
  11. 修辞・多義・廃用－þurfan の場合　*192*

IV 日本の英語学とフィロロジー
    12. 英語学の成立　*209*
    13. 日本の英語学 25 年［英語史］　*218*
    14. 三十年の思い出　*225*
    15. 中島先生と英語史　*228*

V フィロロジーの道
    16. ディレッタントの道　*233*
    17.『フィロロジーへの道』から「フィロロジーの道」へ　*235*

VI 書評
    18. W. ラングランド著・生地竹郎訳『ウィリアムの見た農夫ピァズの夢』　*247*
    19. 永嶋大典著『OED を読む』　*249*
    20. 澤田昭夫監修／日本トマス・モア協会編『ユートピアと権力と死』　*251*
    21. R. マクラム他著・岩崎春雄他訳『英語物語』　*254*
    22. 渡部昇一著『イギリス国学史』　*257*

I　フィロロジーと英語史

1. 中英語研究における諸問題について

まえがき

　本章は，1972年7月15日に東京教育大学で行なわれた中世英文学談話会における発表に基づいたものである。以下述べる話の筋道はその際のものとほぼ同様であるが，内容はそれより詳しくなり，自由に手が加えられ，またその後の考えによって変更された点もある。

　上記談話会の開催校の幹事であった中尾俊夫氏から，ほぼ表題のような話をするように求められた時に，自分が適任であるとは考えられず，躊躇した。しかしこの機会に，日頃考えたり感じたりしていることを取り上げて，曲りなりにも話の筋道を立て，少なくとも今後の自分の仕事に役立たせることができればと思って承諾した。

　このようなわけであるから，本章は特定の問題についての研究ではないことを，あらかじめ断っておかなければならない。特に，取り上げた問題は，個人的な関心によって制約されており，これまでに発表した拙論を材料にした場合が少なくない。そこで，便宜のために，以下において言及する拙論を発表順にあげておく（なお本文で言及する時には「小野（1968）」のように略記する）。

(1) 1968「言語・文体・写本—Chaucer の場合—」『英語青年』7月号, pp. 456-7 及び 461 [『英語史の諸問題』(南雲堂) 第 10 章]
(2) 1969a『英語法助動詞の発達』研究社
(3) 1969b "Chaucer's Variants and What They Tell Us— Fluctuation in the Use of Modal Auxiliaries," *Studies in English Literature*, English Number, pp. 51-74 [上掲書第 12 章]
(4) 1970「再建とリアリズム」『英語青年』8月号, pp. 446-7 [同書第 1 章]

本章では identity (各時期の言語の同一性あるいは正体), generalization (個々の作家あるいは作品の言語を材料にしてある時期の言語の一般的傾向を把えようとすること), individual speech (個々の作家あるいは作品の言語を便宜的にこう呼ぶことにする) の順で話を進めるが, どのようにしてこういう問題に関心を持つようになったかについて, 上記のリストと関連づけながら, 簡単に述べておきたい。

(2) は最も早く, 1955 年から 1965 年の間に発表した 6 編の論文を基にして, それに手を加えたものである。そこでは, 個々の作家あるいは作品の言語, すなわち individual speech, から出発しながら, 発達の概要を把握すること, すなわち generalization, を志向していた。しかし一般化を行なってみると, 個々の作家あるいは作品の言語は必ずしも一般的傾向と一致せず, しかも重要な作家あるいは作品 (ここで「重要な」というのは, 歴史的研究の上で豊富な資料を提供するという意味である) にそういう問題が起こることが少なくないことがわかるの

である。つまり generalization は個々の資料からの最大公約数のようなもので，その過程において切り捨てや均一化が行なわれている。このようにして generalization に対する individual speech の問題が生ずる。

　Individual speech の問題を一歩進めることに，一つのきっかけを与えたのは，日本英文学会第 39 会大会（1967 年，於東北学院大学）におけるシンポウジアム「英語における Modal Auxiliaries の発達について」（司会　松浪　有，講師　忍足欣四郎（古英語），小野　茂（中英語），寺澤芳雄（初期近代英語））である。そこで中英語を受持った私は，Chaucer を扱ったが，その際に Chaucer によって中英語を代表させて，中英語の一般的傾向の理解に役立たせようとする（generalization）と同時に，Chaucer の言葉（individual speech）の性格にも関心を持った。すなわち，Chaucer の言葉の個性を理解しなければ，それを中英語一般の理解に役立たせることはできないと思ったのである。このような individual speech への関心から，一方ではジャンルや文体に注意を払う必要を感じ，他方では後代の編者によって校訂される以前の写本に注目し，同一作品の多種の異本の間にみられる variants を考慮する必要を感じた。(1) はこれらのことの概要を Chaucer について述べたものであり，(3) は写本における variants を詳しく扱ったものである。ジャンルや文体については，その一部を (1) で扱ったが，詳しくは上掲書第 11 章において述べた。

　つぎに歴史的研究においては，異なる時期の言語を比較し，それらを積み重ねるという作業が行なわれるが，その場合に，比較され積み重ねられる言語の正体が問題であり，それらの間に同一性があることが理想である。しかし残存する文献の性質

(特に方言的片寄り）によって，この identity の問題は，決して理想通りには行かない。このことについて比較言語学の方法を参考にして考察を試みたのが（4）である。

以上関心の動きに従って略述したが，以下においては，一般的な問題から始めて細かい問題に及ぶという方法を取って，identity, generalization, individual speech の順に話を進めたいと思う。

Identity

私は英語における法助動詞の発達をたどろうとした時に，幾つかのテクストを選んで調査し，それから帰納して，発達の概要を把握しようと努めた（小野（1969a））。その際に選ばれたテクストの種類と数は，対象となった助動詞によって異なるが，最も少ない場合でも，つぎのものは含まれている。すなわち *Beowulf, The Anglo-Saxon Chronicle, The Ancrene Riwle*, Chaucer の *The Canterbury Tales*, Malory の作品の一部である。このようなテクストの選択は，まとまった分量の資料を提供するという利点もあって，発達の大要を知るための第一段階としてはやむを得ず，また問題の性質によってはかなり有効である。しかし古英語では West Saxon 方言を主体とした *Beowulf*，初期中英語では Southwestern または Southwest Midland の *Ancrene Riwle* (Cotton Nero A. xiv, British Library)，後期中英語ではロンドンの Chaucer というふうに並べると，言語の同一性（identity）が失われていることがわかる。すなわち Chaucer の英語は *Beowulf* の英語の発達したものではなく，それらは方言が異なるのである。また，Angus McIntosh や M.

L. Samuels の研究（A. McIntosh, "A New Approach to Middle English Dialectology," *English Studies* 44 (1963), pp. 1-11 および M. L. Samuels, "Some Applications of Middle English Dialectology," *English Studies* 44 (1963), pp. 81-94. Roger Lass (ed.), *Approaches to English Historical Linguistics*. New York, 1969 の pp. 392-403 および pp. 404-418 に収録。特に後者が重要）が示すように，Chaucer の英語がそのまま近代標準英語に発達したのではない。したがって *Beowulf*（あるいは West Saxon 方言の代表としての Alfred 時代の英語）で古英語を，Chaucer で中英語を代表させて，それに近代標準英語を続けて，英語史を述べるということは，三つの異なる方言を時間の軸に沿って並べたジグザグな歴史ということになる。このような歴史的叙述は，むしろごく当然のこととして，広く行なわれている。最近の例を挙げれば，Elizabeth Closs Traugott は *A History of English Syntax* (New York, etc., 1972) において，古英語の代表として "Alfredian" prose を，後期中英語の代表として Chaucer の散文と *Paston Letters* を，初期近代英語の代表として Shakespeare, Nashe および Deloney の散文を取り上げている。

このように「通常の英語史においては，変化の担い手の identity が十分に守られていない。たとえば West Saxon 方言を中心に OE を説明し，Chaucer を中心に ME を説明してその間の変化を論じるということは，identity を無視していることになる。この両者の間には，時間的前後関係はなく，むしろ時代は異なるが，並立的（collateral）な関係がある。…OE では West Saxon 方言以外の文献はきわめて少なく，ME 末期に抬頭し始めた標準英語の源は West Saxon 方言ではない。したが

って，過去の共時態を再建し，変化の担い手の identity を保つために は，ただ data に密着した記述からは決して十分な成果が得られないことは明白である。そこで言語変化の研究は，僅かな資料から generalize して共時態を再建し，その間の比較を行なうことになる。」(小野 (1970), p. 446)

変化の担い手の identity を保ち，データの不充分な部分あるいはデータを欠いた部分については再建という繰作を行なうという方法をとる，いわば比較言語学で用いられる方法を利用する歴史を「言語学的言語史」(linguistic history of language) と言うならば，identity が保たれると否とにかかわらず，伝承された限りの文献における事実を記述してそれを積み重ねるという方法をとる歴史は「文献学的言語史」(philological history of language) と言うことができるであろう (なお従来の英語史が identity の点で不充分である，つまり上述のような意味の文献に残った古英語，近代英語が同一言語であると "assume" しているということについては，H. M. Hoenigswald が Pennsylvania 大学における講義 "Introduction to Historical and Comparative Linguistics" (1970, Spring term) で触れたことを付記しておく)。

Generalization

"In short, *one must beware of making generalizations about 'the English language' on the basis of a sprinkling of texts*, since the relationship between what has survived and the over-all 'language' of the community which fostered it is not constant from one text to another nor from one generation to another."

(R. B. Le Page, "The Study of the English Language" in Angus Ross (ed.), *English: An Outline for the Intending Student*. London, 1971, pp. 78 f.; イタリック体筆者)

これは特に中英語に関連して述べられているのであるが、ここに言われているように、特に中英語については、「中英語では…」というような概括的な述べ方が危険であることはいまさら言うまでもない。同様のことを Charles Jones はつぎのように述べている。

"Fortunately, the sources for Middle English data are considerably more numerous than those for Old English, so that any predictive theory set up for the former can be the subject of a greater degree of testing and verification. Nevertheless, it will still be inadvisable, regardless of the relatively "complete" nature of the data, to make predictions that will be true for Middle English as a whole, since *a general, homogeneous Middle English cannot be said to exist."* (*An Introduction to Middle English*. New York, 1972, p. 16; イタリック体筆者) これは当然のことであるが、それが実際にどういう所に現われているかを、具体的な例について観察したいと思う。

R. M. Wilson は "On the Continuity of English Prose" (*Mélanges de linguistique et de philologie. Fernand Mossé in memoriam*. Paris, 1959, pp. 486–494) で、*Ancrene Riwle* (Cotton Nero A. xiv) における語順と、同時代の幾つかの作品における語順とを比較している。まず独立文における Inversion (語順転倒) の比率は *Hali Meiðhad* 27.4％, *Seinte Marherete* 23.6％, *Ancrene Riwle* 14.5％であって、*Ancrene Riwle* における Inversion の頻度が低い。つぎに動詞が主語の直後に

来る場合（SV-, 動詞が主語と接触しているので contact と呼び，C と略す），動詞が主語から離れて文の中間に来る場合（S-V-, medial と呼び，M と略す），動詞が末尾に来る場合（S-V, final と呼び，F と略す）の三つの間の比率（％）を独立文と従節にわけてみるとつぎの通りである。（作品の略記は HM = *Hali Meiðhad*, SM = *Seinte Marherete*, AR = *Ancrene Riwle*）

	独立文			従節		
	HM	SM	AR	HM	SM	AR
C.	79.2	77.2	87.4	64.1	65.6	86.3
M.	19.0	19.8	11.7	14.2	13.0	5.7
F.	1.8	3.0	0.9	21.5	21.5	7.8

この調査（ここではその一部を示したのみであって，実際にはこのほか数種類のテクストからの調査結果も示されている）から知られる *Ancrene Riwle* と他の作品との相違に着目して，R. M. Wilson は "It would seem that in at least two points, in the Lack of inversion and in the position of the verb in dependent clauses, *the Ancrene Riwle stands apart from the contemporary prose*. Whether this is due to French influence, to the influence of the spoken language, or whether both are involved, is a question that still needs investigation; as also whether these two points are isolated or *whether there are other respects in which the prose of the Ancrene Riwle differs from its contemporaries*." (p.493; イタリック体筆者) と述べている。

それでは語順以外にも *Ancrene Riwle* が同時代の散文と異なる点があるであろうか。この作品の infinitive の形態がその一

1. 中英語研究における諸問題について

例であると思う。

　助動詞 *ought* は近代標準英語では *to*-infinitive を伴う。古英語ではその前身である *āgan* (*āhte*) が infinitive を伴う用法は少なかったが，infinitive を伴う場合にはその形態は *tō*-infinitive がふつうであった（Eduard Mätzner, *Englische Grammatik*. III. Berlin, 1885³, p. 6 および Morgan Callaway, Jr., *The Infinitive in Anglo-Saxon*. Washington, 1913, pp. 80f. 参照）。これに対して中英語では *owen* (*ouhte*) の伴う infinitive には *to*-infinitive, *for to*-infinitive および simple infinitive の 3 種があった。初期中英語の *Trinity Homilies* (*c*1200, South-East Midland) では *to*-infinitive 25, *for to*-infinitive 0, simple infinitive 6 であり，*Ancrene Riwle* (Cotton Nero A. xiv) では *to*-infinitive 20, *for to*-infinitive 25, simple infinitive 15 である（小野 (1969a), p. 211）。すなわち *Trinity Homilies* では古英語から近代標準英語に至る一般的傾向に近いのに対して，*Ancrene Riwle* では *for to*-infinitive の方が *to*-infinitive よりも多く，simple infinitive の頻度もかなり高い。これは *owen* (*ouhte*) に伴う場合だけでなく，infinitive 全体についても言えることである。Hermann Sanders (*Der syntaktische Gebrauch des Infinitivs im Frühmittelenglischen*. Kieler Studien zur englischen Phililogie 7. Heidelberg, 1915, p. 27) によれば，初期中英語の諸方言のテクストの大多数において，*to*-infinitive の方が *for to*-infinitive より相当に高い頻度を示している（小野 (1969a), p. 272 参照）。「これに対して *Ancren Riwle* における用法は正反対である。ここでは *for to*-infinitive は単純不定詞よりも，またさらに *to*-infinitive よりもはるかにしばしば，しかも不定詞を用い得るすべての位置に，用いられている。」("Gerade umgekehrt ist dagegen der Gebrauch in der Ancren Riwle. Der Infinitiv mit *for to* wird hier weit häufiger als der reine und auch der *to*-Infinitiv gebraucht, und zwar in allen den Infinitiv offenen Stellungen." Helmut Bock, "Studien zum präpositionalen Infinitiv und Akkusativ mit dem *To*-Infinitiv," *Anglia* 55 (1931), pp. 114-249 の p. 189)

このように初期中英語の代表的作品としてしばしば利用される *Ancren Riwle* は，infinitive の点では，古英語以来の英語史の一般的傾向に反するのみならず，それと同時代の初期中英語の一般的傾向にも反しているのである。そして後者の点で，上述した語順における傾向と一致している。R. M. Wilson は "The prose of the *Ancrene Riwle* may well have a much closer affinity with the modern prose, though this remains to be proved." ("On the Continuity of English Prose," p. 487) と言い，語順が同時代の散文と異なることの原因として，フランス語の影響や話し言葉の影響に触れている（上記 p. 493 からの引用を参照）。同時代の散文とくらべて *Ancrene Riwle* の散文が近代の散文に近いということは，少なくとも語順については言えそうであり，R. M. Wilson が指摘しているように，今後に残された問題である（ついでながら，助動詞 *must* の前身である *mot* (*moste*) は，古くは "be permitted, may" の意味の方が "be obliged, must" の意味より多かった。*Trinity Homilies* (*c*1200) では前者が 12, 後者が 4 であって古い傾向がみられるが，*Ancrene Riwle* では前者が 13, 後者が 39 で，この点でははるかに近代に近い（もっとも語形の上では現在形がほとんどであるから，その点では近代とは異なる）。このことは一層詳しい調査を必要とするが，今述べた問題と関連させて考える

べきことであるかもしれない。なお *mot* に関しては小野 (1969a) の第2章参照)。しかし同時代の散文と異なるといっても，それが近代に近い性格を示すもののみではないようである。*for to*-infinitive の方が *to*-infinitive や simple infinitive よりも多いということはその例であって，近代の標準語では *for to*-infinitive はふつう用いられないのであるから，別の説明が求められる。Ancrene Riwle の方言および近代の方言における *for to*-infinitive の分布などから考えて，*for to*-infinitive が Ancrene Riwle に多いことの原因は方言にあるのではないかと思われる（小野 (1969a), pp. 274-5 参照）。藤原　博氏によれば *for to*-infinitive は Ancrene Wisse (Corpus Christi College, Cambridge 402) よりも Ancrene Riwle (Cotton Nero A. xiv) の方に多く，氏はこれを方言差によると考える（「ME における England の North-East-Midlands の文献に見られる Infinitive について」*Heron* 1 (1966), pp. 136-143 の p. 143)。Arne Zettersten によれば，幾つかの点で Ancrene Wisse (C.C. C.C.) は Anglian 方言からの発達を示し，Ancrene Riwle (Nero) は West Saxon 方言からの発達を示していて，これが後者に "a decidedly more southern character" を与えている (*Studies in the Dialect and Vocabulary of the Ancrene Riwle*. Lund Studies in English 34. Lund, 1965, p. 294)。ついでながら，*for to*-infinitive と何等かの関係があると思われる前置詞または接続詞としての *for to*, *vort*, *uort* などがしばしば Ancrene Riwle に用いられているが,これは M. L. Samuels によれば中英語の South および South-West の特徴である (*Linguistic Evolution*. Cambridge, 1972, pp. 102-3)。このように Ancrene Riwle (Nero) は方言の上で（また R. M. Wilson が言うように恐ら

〈文体の上でも〉注意を要する作品であり，近代標準英語との関連では *Ancrene Wisse* (C.C.C.C.) を取り上げる方がよいと思われる。

つぎに Chaucer の場合はどうであろうか。*The Canterbury Tales* (Robinson 版) において *oughte* (*owen*) が伴う infinitive は to-infinitive 16, for to-infinitive 3, simple infinitive 59 である。Chaucer の全作品でも to-infinitive 46, for to-infinitive 6, simple infinitive 139 で，simple infinitive がきわめて多い。韻文と散文を区別してみると次表のようである。

	韻 文	%	散 文	%	合 計	%
to-inf.	19	17.6	27	32.5	46	24.1
for to-inf.	5	4.6	1	1.2	6	3.1
simple inf.	84	77.8	55	66.3	139	72.8
合　　計	108		83		191	

韻文の場合の方が simple infinitive の比率がやや高いが，simple infinitive が最も多いことは散文でも同じである。Hermann Sanders によれば，初期中英語では *owen* (*oughte*) が prepositional infinitive を伴う例 107 に対して，simple infinitive を伴う例は 36 である (*Der syntaktische Gebrauch des Infinitivs im Frühmittelenglischen*, p. 52)。Langland の *Piers the Plowman* では simple infinitive を伴う例は二つのみである (Wilhelm Wandschneider, *Zur Syntax des Verbs in Langley's Vision of William concerning Piers Plowman*. Diss. Kiel, 1887, p. 30)。また Malory (Vinaver 版 pp. 1-363, Caxton 版 Bks. I-VII) では simple infinitive はなく，*to*-infinitive 13, *for to*-

infinitive 1 である。従って Chaucer は一般的傾向からかけ離れている。

このように初期および後期中英語の代表的作品である *Ancrene Riwle* と Chaucer の言語には，一般的傾向からかけ離れた点がみられる。従って代表的であるからという理由で，*Ancrene Riwle* と Chaucer の作品をつなぐならば，それによって，言語の identity が失われると同時に，これらによって，それぞれ初期中英語および後期中英語についての generalization を行なうことは危険であると言わなければならない。

なお上述のように，Chaucer の場合，infinitive の種類に関する限り，韻文と散文の間の相違は小さいのであるが，"The material, it must be admitted, is rather limited in scope; yet it is sufficient to suggest that the use of the infinitive with *to* as against that of the simple infinitive was much more extensive than one might expect in the light of treatises based on poetical works of the period." (Anja Kaartinen and T. F. Mustanoja, "The Use of the Infinitive in *A Book of London English 1384-1425*," *Neuphilologische Mitteilungen* LIX (1958), pp. 179-92 の p. 192) という報告を考慮に入れると，Chaucer の韻文はもとより，その散文も，文書や日常的な散文とは異なる点があるであろう。その意味で，詩の言語（die Sprache der Versdichtungen）と対比して文書の言語（die Urkundensprache）の素描を試みた Herbert Koziol の "Zur Syntax der englischen Urkundensprache des 14. und 15. Jahrhunderts," *Anglia* 62 (1938), pp. 100-115 のような研究が継承され発展されるべきであろう。

Individual speech

i. Style

前節で，個々の作家あるいは作品の言語と，その研究成果から出発した generalization との関係を考察したが，それでは，個々の作家あるいは作品の言語——今これを仮りに "individual speech" と呼ぶ——は一括して扱うことができるであろうか，またそうしてよいであろうか。ここで未来表現の助動詞 *shall* と *will* を材料にして考えてみようと思う。

中英語（および初期近代英語）における未来表現に用いられる助動詞としての *shall* と *will* について，Georg Fridén はつぎのように述べている。

"In contrast to biblical learned writings, the popular speech—as far as it can be traced in literature—seems to have favoured the use of *will*. In Wycliffe's time *will* expressing futurity was more common in popular satires and lyrics than in religious and didactic works. According to Blackburn, the cases of *will* approach in number those of *shall* in popular poems, but in more formal narrative writings *shall* is found four times as often as *will*.

As stated above, scholars have realized that the use of future auxiliaries in Chaucer differs from that in Wycliffe, but instead of ascribing this to the different styles of the two authors, they assume that Chaucer was guided by the same rules as in PE. It is evident that such conclusions are incorrrect." (*Studies on the Tenses of the English Verb from Chaucer to Shakespeare with*

Special Reference to the Late Sixteenth Century. Essays and Studies on English Language and Literature II, Uppsala, 1948, pp. 136-7)

この点については T. F. Mustanoja も同意見で, "In the Bible and other religious writings, for example, the use of *shall* is predominant.... The proper region of *will* seems to be popular style." (*A Middle English Syntax*, Part I. Helsinki, 1960, p. 490) と言っている。この考え方によると，大体の傾向として，biblical, religious, didactic, formal style には *shall* が多く，popular style には *will* が多いということになる。

今 Chaucer の *The Canterbury Tales* について考えてみると，Charles Muscatine が "Like the portraits in the *General Prologue*, the tales themselves vary in style." (*Chaucer and the French Tradition*. Berkeley and Los Angeles, 1957, p. 173) と言い，また別の所で "If the whole of *The Canterbury Tales* can be said to have a single style, that style has within it an extraordinary variety, which derives from the great range of Chaucer's themes and the way in which his style supports or expresses them." ("*The Canterbury Tales:* style of the man and style of the work," in D. S. Brewer (ed.), *Chaucer and Chaucerians*. London and Edinburgh, 1966, pp. 88-113 の p. 88) と述べているように，その style はきわめて多様である。この多様性は *shall* と *will* の分布にどのように反映しているであろうか。

助動詞 *shall* と *will* は，Chaucer においてはまだ，原義に近くて modal な要素が強い場合が多く，純粋未来を表わす場合を判然と区別することはできない。また以下のように，物語別に扱う場合には，あまり細かい用法の分類を行なっては，各下

位区分に配分される例の数が少なくなって,統計上の意味が失われる。そこでここでは一切用法の分類を行なわずに,全く客観的に shall と will の頻度を比べてみることにする。また全体にわたる詳細な報告は,まえがきにも記したように,別の所にゆずることにする。そしてここでは特に問題になる点に絞って,Charles Muscatine のあげている三つの style を示す物語について調べてみる。すなわち conventional style (*The Knight's Tale, The Clerk's Tale*) と naturalistic style (*The Reeve's Tale, The Wife of Bath's Prologue, The Canon's Yeoman's Tale*) と mixed style (*The Miller's Tale, The Merchant's Tale, The Nun's Priest's Tale*) の三つである (*Chaucer and the French Tradition*, Ch. VI)。なおこれに didactic style を示す二つの散文物語 *The Tale of Melibee* と *The Parson's Tale* を加える。

つぎの表は上記の物語別に,shall と will の実数を示し,括

	shall	*will*	*style*
Total	986 (56.4%)	761 (43.6%)	
Knight's Tale	68 (53.5)	59 (46.5)	CONVENTIONAL
Clerk's Tale	27 (38.0)	44 (62.0)	STYLE
Reeve's Tale	16 (48.5)	17 (51.5)	NATURALISTIC
Wife of Bath's Prologue	32 (40.0)	48 (60.0)	STYLE
Canon's Yeoman's Tale	38 (48.1)	41 (51.9)	
Miller's Tale	30 (52.6)	27 (47.4)	MIXED
Merchant's Tale	45 (52.9)	40 (47.1)	STYLE
Nun's Priest's Tale	18 (51.4)	17 (48.6)	
Tale of Melibee	147 (72.4)	56 (27.6)	DIDACTIC
Parson's Tale	237 (76.5)	73 (23.5)	STYLE (Prose)

弧内に両者の比率をパーセントで示したものである。なお Robinson 版によると，*The Canterbury Tales* 全体では *shall* は 986，*will* は 761 で，両者の比率は 56.4％：43.6％ で *shall* の方がやや多い。

　この表でみると，*The Canterbury Tales* 全体では *shall* の方が *will* よりやや多い。Conventional style においては，*Clerk's Tale* では *will* が多いが，*Knight's Tale* ではやや *shall* が多くて *The Canterbury Tales* 全体における比率に近い。Naturalistic style ではいずれも *will* の方が多く，特に *Wife of Bath's Prologue* において著しい。Mixed style では，偶然三つの物語の比率がほとんど同じで，いずれも *shall* がわずかに多い。最後に didactic style では，二つの物語のいずれにおいても，*shall* が *will* よりはるかに多く，説教的，教訓的な物語の性格を反映している。この事実は popular (naturalistic) style では *will* が多く，religious, didactic style（ここでは二つとも散文）では *shall* が多いという Georg Fridén や T. F. Mustanoja の説明とほぼ一致する。

　Conventional style の代表である *Knight's Tale* では *shall* の方がやや多く，naturalistic style では *will* の方が多いが，mixed style では両者の中間である。*Miller's Tale* は *Reeve's Tale* と対になっていて，共に naturalistic な印象を与えるが，"There is nothing in the fabliau tradition that dictated the introduction of courtly conventionalism in the *Miller's Tale*" (Charles Muscatine, *Chaucer and the French Tradition,* p. 230) と言われるように，naturalistic な fabliau に conventional style が加わっている——すなわち mixed style が用いられている。この点については E. T. Donaldson のつぎの言葉が参考になる。

"... it (i. e. popular poetic idiom) reinforces the connection between the Miller's Tale and the Knight's truly courtly romance that the Miller's Tale is intended to 'quite' (to repay); for it emphasizes the parallelism between the two different, though somehow similar, love-rivalries, one involving two young knights in remote Athens, the other two young clerks in contemporary Oxford. And in so far as it does this, it tends to turn the tale into a parody of all courtly romance, the ideals of which are subjected to the harshly naturalistic criticism of the fabliau." ("Idiom of Popular Poetry in the Miller's Tale," in *Speaking of Chaucer*. London, 1970, pp. 13-29 の p. 29)

すなわち *Miller's Tale* は courtly romance である *Knight's Tale* へのパロディーになっていて，fabliau に courtly conventionalism が導入され，mixed style になっているという見方が示されているわけである。言葉の上の一つの局面にすぎないにしても，この二つの物語における *shall* と *will* の比率がきわめて近似していることは，両者間の style のある面での共通性と無関係とは言えないであろう。あるいはこのことを確認しておくことは，これらの物語（の関係）を理解する上に，むだではないであろう。

ここでは一つの問題を取り上げたにすぎないが，これだけからでも一人の作家の言語においても——また特に *The Canterbury Tales* のように種々の性格を持った物語からなる作品の場合には，一昨品の場合でも——括して扱うことはできないということがわかる。ジャンルの相違や韻文と散文の相違ばかりではない。*The Canterbury Tales* の場合などは，個々の物語の内容，語り方などが関係する。また *General Prologue, Wife of Bath's Prologue* および *Tales* を除いた Links (2390 行), すなわち物語間のつなぎの役割を果たしていて, 各物語の語り手と Host などの間のやり取りなどを含む部分では, *shall* 70 (42.9%), *will* 93 (57.1%) であって, naturalistic style に近い比率を示しており, これも全体とは別に扱った方がよいことを暗示している。言語表現が物語の内容や性格に制約されることは当然のことである。特に選択可能な表現の場合にはこのことは一層明らかに現われると思われる。したがって *The Canterbury Tales* のような様々な性格の, そして様々な style を持つ物語からなる作品において, 全体を一括して扱った場合と, 物語別に扱った場合とでは, 異なった結果が出るのは偶然ではないと思われる。客観的な方法によって得られた結果 (たとえば統計のデータ) と, 作品の内容や style の間に, 何等かの並行関係がある場合には, それを偶然の一致として切り捨てずに, 一つの問題として取り上げるべきであろう。(この節で扱った問題は小野 (1968) でも簡単に述べたが, 今回はそれにかなりの修正を加えた。)

ii. Manuscripts

上記の調査は Chaucer の作品の標準版とされている F. N. Robinson (ed.), *The Complete Works of Geoffrey Chaucer* (second edition, London, 1957) によって行なわれた。この版における *The Canterbury Tales* は, Ellesmere MS に基づいているが, この写本は原作の直接の写しではないと言われている ("Ellesmere as a whole, however, cannot be held to be a direct copy of the ultimate original." Robinson 版, p. 888)。Robinson 版は Ellesmere MS に基づいているが, 写本そのままではなく,

編者による校訂を経ている。編者の仕事について E. T. Donaldson は "the fact is that this branch of scholarly activity, which is often made to appear most austerely detached and objective, is almost wholly subjective." ("The Psychology of Editors of Middle English Texts," in *Speaking of Chaucer*, pp. 102-118 の p. 103) と言っている。これは極端な言い方であるとしても, Robinson 版が (ある時期における) Robinson の読み方であることは事実である。多くの場合種々の写本から, 最も原作に近い, あるいは最もすぐれたと思われるテクストを編さんすることが, 編者の目標であろう。しかし言語研究の場合には, 校訂を経ないありのままの姿の写本が大きな価値を持っている。

The Canterbury Tales の写本は, 断片も含めて, 少なくとも 84 種あると言われている (Robinson 版, p. 886)。これだけの写本の言葉がどういうものであるか, また写本によるならば, 校訂された Robinson 版によった場合とどのような相違が生ずるかが問題になる。

幸い J. M. Manly and Edith Rickert (eds.), *The Text of the Canterbury Tales* (8 vols., Chicago and London, 1940) にすべての写本の variant が記載されているので, これを利用することができる。ここで前節で扱った *shall, will* について, いずれか一つの写本にでも variant のある箇所を調べてみると, *shall* では Robinson 版における総数 986 に対して, variant のある箇所は 242 で 24.5％, *will* では 761 に対して 336 で 44.2％である。つまり variant の起こる頻度はかなり高いものだということがわかる。しかし個々の写本についてみれば, variant はこれ程多いものではない。最も variant の数の多い写本をみると, *shall, will* いずれの場合も Northumberland (N1) という

写本である。この写本の年代は 1450-70, 方言は主に East Midland で, 幾らか Northern の影響を示している。またこの写本には *The Canterbury Tales* の A 157-I 989 が含まれている。したがって完全ではない (*The Text of the Canterbury Tales.* Vol. 1, pp. 387 ff.)。この部分に相当する Robinson 版では, *shall* の総数は 37 減って 949 である。これに対して Nl で variant のある箇所は 45 で 4.75 % に当たる。Robinson 版の *shall* に対する Nl の variant を多い順に挙げれば, *should* 38, *will* 4, *may* 2, *would* 1 である。*will* の場合は Nl に含まれている部分に相当する Robinson 版では, 総数が 5 減って 756 であり, これに対して Nl で variant のある箇所は 21 で 2.78 % に当たる。Robinson 版の *will* に対する Nl の variant は *would* 17, *shall* 3, *may* 1 である。個々の写本における variant の数は, 最も多くてもこの程度であるから, 大きいものではない。

　ここで注意しなければならないのは, Robinson 版の *shall, will* が, ある写本で他の語になっているからといって, その写本で *shall, will* がそれだけ減っているわけではないということである。他の助動詞の variant として *shall, will* が現われることがあるからである。Nl についてみると, *shall* は *should* の variant として 12 回, *will* の variant として 3 回, *may* の variant として 2 回, *ought* の variant として 1 回, 合計 18 回現われる。そこで Robinson 版において Nl に含まれる部分 (A 157-I 989) にみられる *shall* の総数 949 に対して, Nl で 45 は他の助動詞になっているが, その代わりに他の助動詞の variant として 18 回 *shall* が現われるので, 結局 Nl における *shall* の数は 922 となる。(ただし Robinson 版で助動詞が使われている場合に限ったので, 厳密な数ではない)。そこで Nl における *shall*

の数は Robinson 版より 2.85 ％少ないことになる。つぎに *will* 場合は，Nl で *will* が *would* の variant として 21 回，*shall* の variant として 4 回，*may* の variant としてそれぞれ 1 回，合計 32 回現われる。そこで Robinson 版の Nl に当たる部分の *will* の総数 756 に対して，Nl で 21 は他の助動詞になっているが，その代わりに他の助動詞の variant として 32 回 *will* が現われるので，結局 Nl における *will* の数は 767 となり，Robinson 版より 1.46 ％多いことになる（これも厳密な数ではない）。

以上のことから *shall* と *will* の比率は Robinson 版全体で 986：761 (56.4 ％：43.6 ％)，Robinson 版の Nl に相当する部分 (A 157-I 989) で 949：756 (55.6 ％：44.4 ％)，Nl では（厳密ではないが）922：767 (54.6 ％：45.4 ％) となって，Nl では Robinson 版よりも，*will* が僅かに多いことがわかる。

このように Robinson 版と写本との異同は数の上では大きくはなさそうであるが，その内容はどうであろうか。さきに Robinson 版における *shall* に対して Nl で *should, will, may would* が現れ，*will* に対して *would, shall, may* が現われることを指摘したが，このような variant は何を物語るのであろうか。このことについて詳しくは小野 (1969b) にゆずって，ここではその結論のみを要約したいと思う。

a) Present *v.* preterite（現在形：過去形）

Robinson 版の *shall* に対する Nl の variant 45 のうち最も多いのは *should* 38 であり，*will* に対する variant 21 のうち最も多いのは *would* 17 であって，共にそれぞれの過去形である。逆に過去形 *should, would* の最も多い variant はそれぞれの現在形 *shall, will* である。これはその他の助動詞についても大体言えることである。これは過去形が現在を表わす modal な用

法が相当に発達しており，また史的現在がしばしば用いられていたために，現在形と過去形が交換可能な場合が少なくなかったことによると思われる。たとえば "In habit maad with chastitee and shame Ye wommen *shul* apparaille yow," quod he（III 342-3）に対して多くの写本で *should* が用いられているが，これは modal preterite である。"A! sire, ye *sholde* be hende And curteys, as a man of youre estaat..."（III 1286-7）に対して variant として *shall* が現われるのは上の逆である。また Men seyde eek that Arcite *shal* nat dye; He *shal* been heeled of his maladye.（I 2705-6）に対して *shulde* となっている写本が多いが，その方が時制の一致の点からは適切である。Chaucer ではこのような時制の交替は頻出し，史的現在とも関係する。

b) The overlapping of meanings（意味の重なり合い）

shall の variant として *will, will* の variant として *shall* がかなりしばしば現われる。また同じことが *can* と *may* の間にもみられる。これはこれらの語の意味に重なり合う部分があることを示すと思われる。たとえば certein we *shal* yow teche That it is fair to have a wyf in pees（III 438-9）の *shal* の代わりに *wol* が現われ，as I best *kan*（III 478）の *kan* の代わりに *may* が現われる。

c) The old and the new（古い語と新しい語）

Of remedies of love she knew per chaunce, For she *koude* of that art the old daunce.（I 475-6）の *koude* の代わりに *knewe* が用いられ，Bisechyng hym to doon hire that honour, That she *moste* han the Cristen folk to feeste（II 379-80）の *moste* の代わりに *might* が用いられるのは，*can* が不定詞以外の目的語を伴う用法と *moste* の "may" の意味を表わす用法が古い用法であ

ったことを暗示していると考えられる。

d) Confusion of forms（語形の混同）

中英語でしばしば混同された *can* と *gan*, *dar* と *thar* の間にみられる動揺である。たとえば Thus *kan* Fortune hir wheel governe and gye (VII 2397) の *kan* の代わりに *gan* が現われ，Thee *thar* namoore as in this cas travaille. (III 1365) の *thar* の代わりに *dar* が現われる。

e) Compatibility with the context（文脈と矛盾しないこと）

as ye *shal* heere (I 2220) の *shal* の代わりに *may* が，また A bettre felawe *sholde* men noght fynde (I 648) の *sholde* の代わりに *myght* が，And syn I sal have neen amendement Agayn my los, I *will* have esement (I 4185-6) の *will* の代わりに *moste* が variant として用いられているが，助動詞の交替によって文の意味は変わっても，variant の使用はその文脈にとって必ずしも不都合ではない。

Robinson 版が Robinson の読み方であるということから，進んだ研究のためには写本にさかのぼる必要があることは当然考えられるが，そのことによって一見派生的に，校訂本からは得られない結果をひき出すことができる。その場合，写本の言語すなわち Chaucer の言語と考えるのは早計であって，写本の制作年代および方言を明らかにすることが必要である。Chaucer の *The Canterbury Tales* の写本は 1400 年から 1500 年の間に制作されており（上に挙げた Nl は 1450-70)，方言も様々である（Nl は主として East Midland で幾らか Northern の影響を示す)。このような写本の性格，そしてそれを基にして，編者の考えによって選択された結果作り出された刊本の性格というものが，今日ふつうに読まれる Chaucer の言語の性

格の根底にあることを忘れてはならない。

　以上 Individual speech の問題として，Chaucer における文体と写本について述べて来たが，Individual speech の問題はこれらだけにとどまらない。重要なことの一つに個人の異なる時期における言語の相違がある。Carleton Brown, "*Shul* and *Shal* in the Chaucer MSS.," *PMLA* XXVI (1911), pp. 6-30; Joseph Mersand, *Chaucer's Romance Vocabulary*. New York, 1937; Kirsti Kivimaa, *The Pleonastic* That *in Relative and Interrogative Constructions in Chaucer's Verse*. Commentationes Humanarum Litterarum. Societas Scientiarum Fennica, Vol. 39, Nr. 3, 1966, Helsinki; H. M. Smyser, "Chaucer's Use of *Gin* and *Do*," *Speculum* XLII (1967), pp. 68-83 などがこの問題に関連して思い出される。また Jan Svartvik and Randolph Quirk, "Types and Uses of Non-finite Clause in Chaucer," *English Studies* 51 (1970), pp. 393-411 も文体を考慮して，異なる時期の異なる文体の作品を比較している点で注目すべき研究である。ここでは私自身の材料を持たないので，問題を指摘するにとどめたいと思う。

結　　び

　過去における言語の状態および発達を明らかにしようとする歴史的研究においては，伝承された文献の量が方言によって異なり，各時期の主要な文献に方言の相違があって，それらを時間の流れに沿ってつなぎ合わせると言語の identity が失われるという結果になる。また方言のみならず，様々な要因によって，

個々の作家あるいは作品の言語の性格はまちまちであるので，それらから generalization を行なうことは多くの危険を伴う。つぎに個々の作家あるいは作品の言語それ自体も必ずしも一括して扱うことはできない。たとえば *The Canterbury Tales* のように多様な文体の物語から成る作品は，文体に応じて分けて扱わなければならない。さらに（特に作者指針の原本が残存せず）種々の写本が残っている場合には，写本と刊本との関係も問題になり，また写本自体の性格と，歴史的研究におけるそれの価値も考える必要がある。

　このように考えると，個別化および分析の方向に進んで，袋小路に入って行くようであるが，まえがきにも記したように，私自身が，法助動詞の発達の大要を把握するために，個々の作家あるいは作品の言語から generalize するためには，individual speech の性格を明らかにすることが必要であると感じたのであり，それがおのずから文体や写本の問題につながったのである。したがって個別化・分析ということはそれ自身でも意味のあることであるが，それと同時に，一般化・綜合という目標に向かう一つの過程でもある。

　このような individual speech の記述を積み重ねるという方法をとる歴史を 12 頁で，「文献学的言語史」(philological history of language) と呼んだ。philological history は詳細な事実を明らかにするが，大きな歴史的展望を与えず，時にはそれを拒否することさえある。つまりそのままでは詳細な共時的記述にとどまり歴史にはなり得ない。これに対して「言語学的言語史」(linguistic history of language) は一般化・綜合を目指し，歴史的展望を与えようとし，説明的であろうとする。その点で linguistic history は philological history の与え得ないものを提

1. 中英語研究における諸問題について 33

供するが，抽象化を経たものであることは認めなければならない。

"Biographical and anecdotal history, right at the bottom of the scale, is low-powered history, which is not intelligible in itself and only becomes so when it is transferred *en bloc* to a form of history of a higher power than itself; and the latter stands in the same relation to a class above it. It would, however, be a mistake to think that we progressively reconstitute a total history by dint of these dovetailings. For any gain on one side is offset by a loss on the other. Biographical and anecdotal history is the least explanatory; but it is the richest in point of information... This information is schematized, put in the background and finally done away with as one passes to histories of progressively greater 'power.' Consequently, depending on the level on which he places himself, the historian loses in information what he gains in comprehension or vice versa..." (Claude Lévi-Strauss, *The Savage Mind* (*La Pensée Sauvage*. Paris, 1962 の英訳), Chicago, 1966, p. 261)

大まかにみて，philological history は，この Lévi-Strauss からの引用文における biographical and anecdotal history つまり low-powered history に対応し，linguistic history は history of a higher power に対応すると言えるであろう。本章で述べたことは，言わば low-powered history の与える information から generalize して，high-powered history を目指す場合に起こる諸問題と言うことができる。その場合に，従来 individual speech の個別的な記述（"biographical and anecdotal"）にとどまったり，一般的な図式（"schematized"）を与えるにすぎな

いことが多く両者のかかわりに余り注意が払われていなかったと思われるので，具体例を挙げて述べたのである。

上記の引用に続いて Lévi-Strauss は言う。

"The historian's relative choice, with respect to each domain of history he gives up, is always confined to the choice between history which teaches us more and explains less, and history which explains more and teaches less. The only way he can avoid the dilemma is by getting outside history..." (*The Savage Mind*, p. 262)

しかし歴史家としては，歴史の外に出て行くわけには行かないのであって，ディレンマを背負いながらも，もしそういうものがあり得るとすれば，"total history" (Lévi-Strauss からのはじめの引用文中の言葉) に向かって模索しなければならないであろう。

*19頁8行目への追記。
最近 Matsuji Tajima, "Chaucer and the Development of the Modal Auxiliary *Ought* in Late Middle English," Robert Boenig and Kathleen Davis (eds.), *Manuscript, Narrative, Lexicon: Essays on Literary and Cultural Transmission in Honor of Whitney F. Bolton* (Bucknell U. P. 2000), pp. 195–217 は，Chaucer の用法が必ずしも一般的傾向からかけ離れていないことを明らかにした。しかし *Ancrene Riwle* や Chaucer など限られた作品によって generalization を行なうべきではないという本論の趣旨は変わらない。

2. 中世紀英語散文の文体

まえがき

　昨日からphilologyとlinguisticsという問題が出ているが，私の理解しているところでは，過去の言葉というものを考える場合に，過去の歴史性——つまり過去において如何にあったか，過去のある文献を作者がどういう意図で書いたか，そして当時の読者がどう受け取ったかというようなこと——を明らかにして行こうとすること，例えば音楽の演奏について言えば，その当時はどういう楽器でどういう風な演奏をしたか，そしてそれをどのように聴衆が受け取ったか，そういうことを明らかにして行く方法があると思う。それからもう一つ，今度は，ある文学作品が現代にとってどういう意味があるか，現代の読者がその作品を読むことによってその作品が成立するという読者論もある。演奏についてもそういうことがある。従って二つの立場は両立すると思う。私は過去の歴史性を明らかにして，出来るだけ過去に接近して行きたい，言い換えればphilologyの方法をとりたいと思う。そして私がこれまで疑問に思っていたことに関して，比較的最近どういう研究が進められているか，それを我々はどのように受け止めて，それがもし英語史研究と関係があるならば，どういう風に役立てて行くことが出来るかを考え

たい。

　例えばラテン語の影響というようなことがよく言われる。また英語が古英語期から現代まで連綿と続いているという連続性 (continuity) の概念もある。そのように縦につながっているのか，一つの連綿とした流れを考えるのか，外からの影響があるのか，あるとすればどういう所にあるのか，それを本当に突き詰めて行った場合にどこにあるのか，我々としてはそれを明らかにし，たとえ微細なものであろうとも，それを捉えて行かねばならない。そのためにはラテン語と中世修辞学という問題があり，それらが我々の研究における今後の重要な課題となるであろう。

Ælfric と Wulfstan の散文体

　I. A. Gordon は *The Movement of English Prose* で "Old English prose is basically a prose of utility"[1] と言って，それを次の三つに分けている

(1) prose of exposition—medical and 'scientific' manuscripts, law, wills and charters, etc.
(2) prose of adult education—Alfred
(3) prose of persuasion—Ælfric and Wulfstan

　これらの中で特に文体の点で際立った特徴を持っているのは，Ælfric と Wulfstan によって代表される prose of persuasion である。この persuasion はほぼ次に挙げる *movēre* に相当する。以下の文章の3機能とそれに対応する文体は，アウグスティヌ

スの『キリスト教の教え』(*De Doctrina Christiana*) の第4部に基づいている。

docēre (= to teach) ——————*tenue* (= plain)
delectāre (= to give pleasure) ———*medium* (= middle)
movēre (= to move the emotions)—*grande* (= elevated)

アウグスティヌスの『キリスト教の教え』をÆlfricが実際に知っていたかどうかについては、L. M. Reinsma[2]などは否定的であるが、そういった知識はその当時は何等かの出所を通して知られていたのであろうと理解しておきたいと思う。そこで、Ælfricは *docēre* を主として用い、それに *delectāre* を加えたが、それに対してWulfstanは専ら *movēre* を用いたとGordonは言う。両者共にリズミカルな散文を書いているが、Ælfricのリズムと Wulfstanのリズムは非常に異なる。Ælfricはふつうの散文を書いていたが、*Catholic Homilies* の第2集のSt. Cuthbertについての説教でリズミカルな散文を書き始めた。そのリズムは古英語の頭韻詩に非常に似ており、ただ語彙は散文的であるが、それに対してWulfstanのリズムは2強勢である。久保内氏が指摘されたように例外もあるが、Ælfricと比べるならば、2強勢の小さな統語的単位がWulfstanの特徴である。

特にÆlfricのリズミカルな散文の起源については、G. H. Gerould (1924-5) がラテン語の cursus すなわちリズミカルな文末の模倣を主張して以来、様々な角度から批判がなされて来た。すなわちDorothy Bethurum (1932), J. C. Pope (1967), F. R. Lipp (1969) は、程度の差はあれ、古英詩の影響を重視した。これに対してOtto Funke (1962) はÆlfric以前の説教散

文にも頭韻を踏みリズムを持つ散文があったと主張する。Ælfric の *Catholic Homilies* の第 2 集の新版を EETS (SS. 5, 1979) から出した M. R. Godden は次の引用文で，従来の説を要領よくまとめた後に自説を提出している。

For his [Ælfric's] characteristic use of the regular two-stress rhythm, reinforced by alliteration, the influence of both Latin prose and Old English verse has been canvassed. But the use of a two-stress phrase with alliteration is also to be seen in earlier homiletic prose, as Otto Funke has shown . . . . And if, as seems likely, Aelfric's homily on St. Cuthbert was his first attempt at a regular use of this style, one should perhaps add the influence of Latin verse as a stimulus to a more ornate kind of writing, . . .[4]

この引用文で Godden が加えている説というのは，Ælfric の St. Cuthbert についての説教，すなわち *Catholic Homilies* の第 2 集の 10 番目の説教がリズミカルな散文を規則的に用いた最初の試みであり，これはラテン詩に基づいているので，Ælfric がリズミカルな散文を書き出したきっかけはラテン詩の影響によるのではないかということである。これは St. Cuthbert にだけ影響を与えたいというのではなくて，それが引き金となって，その後ずっとそのスタイルが使われるようになったという意味では，かなり重要な要素になっているのではないかと考えられる。

1979 年にトロントのヨーク大学でおこなわれたシンポジウムの成果をまとめた論文集 M. W. Herren (ed.), *Insular Latin*

Studies: Papers on Latin Texts and Manuscripts of the British Isles: 550-1066 に収録された論文で，Gernot Wieland は，同一主題について散文と韻文で書くという *geminus stilus* (= twofold style) を用いた Aldhelm, Bede, Alcuin の作品を扱った後に，次のような憶測を述べている。

> One final speculation: scholars have long puzzled over Aelfric's rhythmic prose to the extent that some have published his saint's lives as though they were prose and others as though they were poetry. They clearly are both, but enmeshed to such an extent that they cannot be separated. Perhaps Aelfric brings the *geminus stilus* to its logical conclusion in these works: rather than two works on the same subject, one in verse and one in prose, he writes only one in which he combines both styles.[5]

つまり Ælfric の *Lives of Saints* を G. I. Needham (1966) は散文の形で印刷し，W. W. Skeat (1881-1900) は韻文の形で印刷していて，散文であるのか韻文であるのかよくわからないが，Ælfric 自身が *geminus stilus* を知っていて，散文と韻文の両方の形式を結合したような形で，どちらともつかないものを書いたのではないかということである。Wieland 自身が憶測だと言っているのであるから何とも言えないが，Ælfric が知っていた当時の聖者伝の書き方から光を当ててみるという必要もあるのではないかと思う。言い換えれば，英語の中でだけ考えるというのでは不充分であり，またラテン語の修辞法の影響と言っても，cursus つまり散文の文末のリズムということが言われ

ているが、それだけでなく、もう少し違った角度からラテン語の影響というものが考えられ出しているということである。イギリスにしろアメリカにしろ、アングロ・ラテン語の研究が非常に進んで来ており、F. C. Robinson が "The real frontier in early English studies is in the field of pre-Conquest Anglo-Latin, ..."[6]と言っているように、アングロ・サクソン研究のいわば前提として、このような研究が行なわれなければならないようになっている。我々はこれを無視してÆlfricなどを論ずることは難しくなって来るのではないかという感じを受けるのである。

ところでÆlfricとWulfstanの違いの中で、統語法については、機会があれば後に触れることにして、次節では私が最近関心を持っている語彙の問題を、大泉氏の発表と抵触しない形で、語彙の文体という観点から述べたいと思う。

Ælfric と Wulfstan の語彙

上に述べたように、ÆlfricもWulfstanも共に頭韻を持つリズミカルな散文を書いたが、Ælfricのリズムが四つの強勢を持つ詩行のように配列することの出来るゆったりとした型であるのに対して、Wulfstanのリズムは二つの強勢を持つ句から成る激しい型であって、対照的である。しかしÆlfricとWulfstanの相違はリズムのみにあるのではない。

Wulfstanの真作を決定しようとしたKarl Jostは、Wulfstanの真作か偽作かを区別する基準として、Wulfstan語彙（Wulfstanwörter）というものがあって、それを使っているものがWulfstanの真作であるとする。Jost[7]によれば、Wulfstanは

「産む」という時には geberan を使って cennan や acennan を使わない。「認識する」という時には gecnawan を使うが, oncnawan, tocnawan を使わない。「与える」には gifan を使って forgifan は使わない。forgifan を使うのは「罪を許す」という時だけである。「名付ける」という時には namian を使うが hatan は使わない。「幸いな」に対しては gesæling を使って eadig は使わない。次に「法律」にはスカンジナヴィア語の lagu を使って本来語の æ は使わない。今 Wulfstan が使わないとした語を大体において Ælfric は使っている。Dorothy Bethurum[8]も指摘しているように, ウェスト・サクソン方言の優勢な Wulfstan の語彙の中に若干のスカンジナヴィア借用語があるのは, 彼がヨーク大司教としてヨークの聴衆に語りかけたことと関係があるであろう。

ラテン語の superbia に対応する古英語の語彙の徹底的な研究において, Hans Schabram は Ælfric と Wulfstan について次のように言っている。

Während Ælfric zur Wiedergabe des *superbia*-Begriffs so gut wie ausnahmlos *modiʒ*- verwendet, bedient sich Wulfstan durchweg der Typen *ofermod*- und *prut*-. Diese Differenz ist eindeutig nicht zeitlich oder dialektal sondern individuell bedingt, insofern beide aus der um die Jahrtausendwende im Ws. zur Wortung des *superbia*-Begriffs verfügbaren Trias eine verschiedene Auswahl treffen.[9]

(Ælfric は superbia の概念を訳すのにほとんど例外なく modiʒ-を用いているが他方 Wulfstan は徹頭徹尾 ofermod- と

prut- の型を用いている。この相違は明らかに時代的または方言的なものではなくて個人的なものである。両者は、千年頃にウェスト・サクソン方言で superbia の概念を表わすのに利用出来た三つの組みの中から、異なった選択を行なっているからである。）

すなわち Ælfric は modiʒ- を用い、Wulfstan は ofermod- とフランス借用語 prut- を用いていて、両者の語の選択が異なるのである。さらに注意すべきことは、

Kennzeichnend für Alfreds *superbia*-Wortschatz ist die nahezu ausschließliche Verwendung des Typs *ofermod*-, ... [10]

（Alfred の superbia 語彙の特徴はほとんど専ら ofermod- の型を使っていることである。）

と Schabram が述べているように、Alfred の語彙が Wulfstan と同じで、Ælfric と異なっていることである。

同様のことが他の語彙についても見られる。Elmar Seebold はラテン語の sapiens と prudens に対応する古英語の語彙を研究した論文の終りで研究の成果を概観しているが、prudens については Schabram による superbus に関する結果を並記している[11]。その中から当面の問題に直接関係のある部分を抜き出せば次のようになる。

	'prudens'	'superbus'
Alfred-Kreis	*wær(scipe)*	*ofermod/-mettu*

Wulfstan	*wær*(*scipe*)	*ofermod*/*-mettu*, *ofermodigness*
Benediktiner-Gruppe	*snotor*(*ness*)	*modig*(*ness*)

　これで見るとAlfredのサークルとWulfstanが同じ，wær-(scipe)であるのに対して，ベネディクト派グループはsnotor-(ness)でそれと異なっている。Ælfricはベネディクト派グループに属しているので，ここでも，AlfredとWulfstanが同じで，Ælfricは彼等と異なっていると言える。しかしsuperbiaについてSchabramはÆlfricとWulfstanの間の相違は個人的なものだと言っているが，prudensの場合はベネディクト派グループという個人を超えたものとWulfstanの間の相違になっている。

　さらにSchabram(1974)によれば，wlancとその派生語及び複合語を，Wulfstanは使っているのに対してÆlfricは全く使っていないが，AlfredはWulfstanと同様にそれを使っている。Schabramは，ÆlfricとWulfstanの間に見られるこのような相違は，純粋に個人的なのか，あるいはウェスト・サクソン方言内の地域的相違なのか，あるいは例えばウィンチェスターのようなある中心の影響があるのか，という疑問を提出することはたやすいが満足の行くように答えることは難しいと言い，またAlfredがÆlfricと異なってWulfstanと同じだということも，注目に値するが現在の所同じく説明がつかないと言う。[12]

　ÆlfricとWulfstanの相違は，Ælfricが所謂ウィンチェスター・グループに属していることを考えれば，単なる個人間の相違ではなさそうである。ウィンチェスター・グループという一群の作品の言葉に標準古英語への動きを見るHelmut Gneuss

は次のように言う。

> What seems particularly important for our argument is the fact that even those contemporaries of Ælfric who otherwise kept to Standard Old English felt themselves at liberty, in their choice of words, to follow their own inclinations or other models. This is the case with Wulfstan, archbishop of York and bishop of Worcester, who corresponded with Ælfric and yet used a vocabulary which was not that of Æthelwold's school.[13]

つまり語彙の選択において Wulfstan は Æthelwold's school から外れているというのである。それでは Ælfric と Wulfstan の間のこのような相違の原因はどこにあるのであろうか。

M. McC. Gatch は Ælfric と Wulfstan の教会における地位の相違を考えて，次のように述べている。

> He [Wulfstan] came from the same theological milieu as Ælfric and worked closely with the abbot; but, for all their personal and programmatical compatibility, the two were almost totally unlike as preachers. Perhaps their differences were, after all, differences arising from their stations in the church; but, if so, they have come after a millennium to seem to be primarily differences of temperament.[14]

Wulfstan はヨーク大司教及びウスター司教であるのに対して Ælfric はエンシャム修道院長であるという地位の相違が当

然聴衆の相違と関係して来ると思われる。そしてこのことがまた Wulfstan と Æthelwold's school との関係を Ælfric の場合とは異なるものにしたと考えることが出来る。そうとすれば Gatch が

Wulfstan as a literary figure is curious in that, despite his ties with the Winchester movement, he ignored its dictates as to vocabulary.[15]

と言う時,必ずしも 'curious' と言う必要はないと思われる。

Æthelwold の『聖ベネディクトゥスの戒律』(*Regula Sancti Benedicti*) 訳について Mechthild Gretsch は次のように述べている。

Æthelwold's vocabulary is, then, what we might call 'modern' and the Old English Rule is without doubt among the texts that mark the beginning of late West Saxon or 'Standard Old English' Even more significant, however, is the rôle of Æthelwold's translation in what Professor Gneuss has called the 'Winchester group' of Old English texts.[16]

Gretsch は Gneuss の所謂ウィンチェスター・グループ—その中には Ælfric の著作も含まれる—における Æthelwold の古英語訳の役割を重視しているのである。ベネディクト会改革の指導者であった Æthelwold は,新しい運動を促進すべく 'modern' な語彙を使って,標準古英語の始まりを示し,その弟子である Ælfric の著作を含むウィンチェスター・グループはそれ

に従ったのであろう。それに対して，ヨーク大司教及びウスター司教であった Wulfstan は，人々に直接に説教するために，人々になじんだ語彙を使ったのであろう。Wulfstan が Ælfric と異なり Alfred と一致する所があることの原因はこの辺りに求められるのではないだろうか。しかし古英語語彙研究の現段階では未だこの問題に結論を出すことは出来ない。さらに Ælfric 並びにウィンチェスター・グループについても再考の余地がある。

M. R. Godden は，次の引用が示すように，Ælfric 自身の語彙が時と共に変化したことを指摘している。

The notion that an Anglo-Saxon writer's basic vocabulary is determined by the period and region in which he was born needs to be considered carefully. Ælfric's basic vocabulary in his last ten years (1000-1010) is in several respects quite different from the basic vocabulary of his first ten years. If even Ælfric, concerned with perfecting his linguistic usage and trained at a newly-reformed Winchester which was itself apparently interested in standardising vocabulary, can show this degree of variation and experimentation, one would expect other writers to be still more subject to passing influences.[17]

このように Godden は，個人における語彙の変化があるために，語彙によって作家・作品の時代・地域を決定することに批判的であるが，今 Ælfric に限定して，Godden が挙げる二，三の例を見たいと思う。例えば「殉教者」を表わすのに，Ælfric は始めは cyðere というウィンチェスター語彙を使うが，後に

はWulfstanと同様に一般的なmartyrを使うようになる。また「法律」にはæを使っていたが、ある時期から、これもWulfstanと同じく、スカンジナヴィア借用語のlaguを使うようになる。つまり始めはウィンチェスター語彙を使っていたが、後に一般的な語彙を使うようになったのである。

Ælfricが比較的よく使ったのに対してWulfstanは全く避けていた語の一つにundergytanがあるが、この語はÆlfricの著作を含むウィンチェスター・グループに好まれた形跡があり、それ以外ではあまり用いられなかったようである。[18]

先にWulfstan語彙というものを挙げたが、それが今に至るまで残っていること、ウィンチェスター・グループでciriceの代わりに用いられたgelaðung、martyrの代わりに用いられたcyðereなどが残らず、cirice, martyrが残り、このグループに好まれたと思われるundergytanが廃れたこと、さらにÆlfric自身が始めはウィンチェスター語彙を使っていたが、後に一般的な語に改めることがあったことなどを考え併せると、ウィンチェスター語彙というものは、新しい運動であるが故に、意識的に新しい言葉、あるいは一般的でない言葉を使ったという、かなり人為的・局地的な性格を持っていたかも知れず、語彙史的には過大評価すべきではないと思われる。しかしこの問題の解明は今後の研究に俟たなければならない。

英語散文の連続性

Ælfricが英語散文の連続性の中で非常に重要な位置を占めているということは、すでに R. W. Chambers が *On the Continuity of English Prose from Alfred to More and his School*

(1932) で言っていることである。Chambers は，英語の散文は Alfred から始まって *The Ancrene Riwle* を中心として，Richard Rolle, Walter Hilton, *The Cloud of Unknowing* などを経て Sir Thomas More とその一派に至ると言っている。それに対して様々な批判がなされていることは今更繰り返すまでもない。[19] Chambers が考えているのは,

> The continuity of English prose is to be found in the sermon and in every kind of devotional treatise.[20]

という彼自身の言葉からも明らかなように，説教散文及び宗教散文の伝統，しかもすぐれた文学的散文の連続性であって，片寄っていると言わざるを得ない。しかもその根底には愛国心がある。最近 *Dobson-Festschrift* に寄せた論文で Bella Millett は次のように言っている。

> Tolkien and Chambers attached a high value to the 'AB group' largely because they saw it as a symbol of native English resistance to an alien culture. Tolkien's views were coloured both by his love for the West Midlands . . . and by his instinctive dislike of everything French, including the Conquest . . . . Similarly, the purpose of Chambers's essay on 'The Continuity of English prose' was to demonstrate the superiority of Anglo-Saxon civilization to the culture brought by the invading Normans, and its power of independent survival.[21]

I. A. Gordon は

By the time of the Conquest the two major Old English styles —the prose of utility and the rhythmic prose of persuasion— were firmly established. The first remained. The second finally disappeared.[22]

と言っている。つまり Alfred のような実用の散文が残り，Ælfric や Wulfstan に見られるリズミカルな散文が廃れたというのである。そして Gordon は "The continuity of English prose is a continuity of spoken English"[23] と言って，Chambers に対して批判的な意見を提出している。

先にも触れたように，Chambers は "The *Ancren Riwle* therefore occupies a vital position in the history of English prose"[24] と述べて，*Ancrene Riwle* に連続性における中心的な位置を与えている。*Ancrene Riwle* は同時代の *Katherine Group* と非常に違っている。R. M. Wilson は，

It would seem that in at least two points, in the Lack of inversion and in the position of the verb in dependent clauses, the *Ancrene Riwle* stands apart from the contemporary prose.[25]

と述べて，語順の点で *Ancrene Riwle* が同時代の散文よりも近代の散文に近いことを示し，連続性の問題の再考を促している。他方 Cecily Clark（1966）は *Ancrene Riwle* には *Katherine Group* の三つの *Saints' Lives* よりもフランス借用語が著しく

多いことを明らかにしている。この二つ，つまり語順が近代の散文に近いことと，フランス借用語が多いということは，*Ancrene Riwle* が同時代の散文より 'modern' であるということの証拠になるであろう。そうすると Chambers が英語散文中における中心的地位を占めるとした *Ancrene Riwle* は連続性ではなくてむしろ非連続性を示すものになりそうである。この点で参考となるのは Smithers の言葉である。

> The dogma that the *Ancrene Riwle* is a main example of the 'continuity' of Old and Middle English prose is thus a major error of literary history. The author's warm, intimate, easy tone and his conversational syntax are as novel in our prose as his apparatus of style.[26]

このように見て来ると *Ancrene Riwle* の位置づけというものはよく考えなければならず，またこの作品の諸写本の比較研究もしなければならないと思う。また Chambers は宗教的散文に連続性を見，Gordon は連続性は話し言葉にあると言っているが，実は単一の連続性があるのではなくて，例えば宗教散文，世俗散文それぞれの連続性がある，つまり複数の連続性があると考えられないであろうか。Gordon は話し言葉の連続性と言うが，現実にあるのは書き言葉なのであって，それを Gordon のように考えるのは無理ではないか。それでは一体どれがその当時の普通の言葉であったかということを，現代的な立場から見るべきではないであろう。その根本的な問題は，その当時の人々の言語意識なり言語規範意識なりがどういうものであったか，あるいは現代のような意味での文法の意識があったかとい

うような問題になって来ると思う。しかしこのような漠然としたことを言っていても仕方がないので，最後に，先に挙げたMillettの言っている非常に具体的なことを取り上げたいと思う。

Millettは *Hali Meiðhad* と *Sawles Warde* とそれらのラテン語原典の幾つかの箇所を比較しているが，それによるとある部分においては，ラテン語の修辞法をそのまま使ってそれに対応するように訳していることがわかる。実は *Ancrene Wisse* にも古英語の説教散文にはない修辞法が用いられ，その源がラテン語の文体に見られるとCecily Clark（1977）が述べている。MillettはClarkの論旨を次のように要約している。

> Cecily Clark pointed out in a 1977 srticle that the kind of rhetorical patterning found in *Ancrene Wisse* has, in fact, few parallels in Old English homiletic prose, and that a far more likely source, given what we know of the author's reading, is the 'paratactic and patterned' Latin style developed by Augustine and elaborated by twelfth-century writers like Bernard of Clairvaux and Ailred of Rievaulx. [27]

先に触れたSmithersも言っているように，12世紀，言い換えれば12世紀ルネサンス，以後はそれ以前と知的風土が違っていた。そこでÆlfricは彼の時代のラテン文学の影響を受けていたが，それと *Ancrene Riwle* の時代の外的影響とは異質のものであった。*Hali Meiðhad* と *Sawles Warde* のラテン語原典との関係を論じた上記の論文を結ぶ次のMillettの言葉はこのことを明快に語っている。

These stylistic links with twelfth-century Latin literature suggest that the role of the 'AB group' in English literary history is not as uncomplicated as Chambers and Tolkien implied. There is no doubt that it draws on a native tradition of prose-writing which can be traced back beyond the Conquest; but some of its works at least look outwards as well as backwards for their models, and one of the formative influences on their style is the Latin prose of their own time.[28]

結　び

初めに述べたように Ælfric と Wulfstan の違いを考える場合にどういうことを考慮したらいいのか，また連続性というものを考える場合にどういうことを考慮したらいいのか，このような場合に最近の研究を見てみると，常にアングロ・ラテン語とか同時代のラテン文学あるいはラテン語の修辞法というものにぶつかる。現在のイギリスやアメリカでは必ずそれが根底にあって研究が進められている。考えてみれば，これは中世イギリスの言語を論ずる場合に，特に文学語を問題にする場合に，英語のみを対象にしてよいかということである。ここで我々は暫く，例えばイギリス中世史家 V. H. Galbraith の言葉に耳を傾ける必要があるのではないかと思う。

The sentiment of nationality is thus a continuous thread in the stuff of English history, present in some primitive form from the beginning, but in the Middle Ages still relatively inconspicuous. Historians are wont to measure its growth and intensification by the progress of the vernacular, which, as is well known, developed in a unique and precocious way in the tenth and eleventh centuries. By the year 1000 we meet with a formed, literary English prose, and very little later, an "official English" used by the central government. Professor Chambers, who in a brilliant essay has recently brought together the indications of a national feeling in England at this time, lays great stress on this prose, and in particular on the fact that it is such good prose. He says, in effect, that there are few better tests of a people having reached and maintained its place among nations than the power of writing stirring prose in its own tongue: that from some point of view it seems as if eleventh-century England was getting into the fifteenth without passing through the later Middle Ages at all: and that the English language and English nationality were both nearly destroyed by the Norman Conquest. There can of course be no doubt about the existence of some sort of a national consciousness in pre-Conquest England . . . . But we must be careful not to read back the present into the past by assuming that the vernacular was as important an element in national feeling then as it is now.

The point is not so much whether we admire the prose of the Anglo-Saxon and think it good, as whether they thought it good and took pride in it as a literary language. Actually there is little evidence of any such attitude. The vernacular in England as elsewhere was a second best, and its diffusion a sign of illiteracy. It was encouraged by Alfred because of the dearth of Latin scholarship, and used by Ælfric, very reluctantly, to carry the message of salvation to the laity .... Latin was the language of the clergy; the only learned language; the only language studied grammatically; the only language that could adequately express the thoughts of sophisticated men on letters, religion, science, and mathematics.[29]

　Galbraith は Chambers のようにノルマン征服以前における国民感情を強調して国語を重視することを批判し，自国語は第2言語であってラテン語の下位に立つものであったことを主張している。これは要するに過去に現代の感情を読み込まずに，過去をあるがままの姿で見ようとする philological な立場である。我々が中世の英語を具体的に，ということは，それを使っていた人々を含めて把握するためには，英語のみならず，中世イギリスで行なわれた言語，とりわけラテン語を研究の対象にすべきことを，今まで以上に主張しなければならない。philology と linguistics という問題もあるが，今述べたような領域にまで踏み込んで行かなければ到底国際的な水準の研究にはならない。さらに当時の言語にはインフォーマントが存在しないので，研究者自身がインフォーマントになる位のつもりで徹底的に研究しなければならない。このように philology には philology として非常に多くの問題があり，そういう研究を突き詰めた所で初めて linguistics に対する貢献をすることも出来るのであり，ただ材料を集めただけでは philology でもないと思う。

評者の質問に対する答え

1. Alfred から Wulfstan に続く主流に対し，Ælfric はそれから外れるものと位置づけられるか，ということであるが，私は，幾つかの語彙選択において Wulfstan が Alfred と一致し Ælfric はそれと異なると言ったので，前者が主流で後者がそれから外れるという大きなことを言ったのではない。研究の現段階ではそのようなことは明らかでない。Ælfric の英語散文史上に占める地位の重みは揺らぐものではない。

2. Wulfstan と Ælfric の統語法の体系的な比較研究がなされた場合に，語彙の場合と同様の結論に達するかという質問に対しては，今日までの所，両者の統語法の体系的な比較研究が出来るほど研究が進んでいないと答えざるを得ない。私が問題にしたのは語彙の選択であって，統語法の場合も，幾つかの語法の特徴的な選択ということはあっても，全体として大きな相違はないであろう。以下参考のために，断片的に両者の統語法上の相違点を拾い出してみよう。

関係代名詞については，複合関係詞は大げさで修辞的な文体に多いが，それが Ælfric ではかなりあるのに対して，Wulfstan には殆どない。他方単一関係詞 þe は Alfred 以来最も好まれたが，Wulfstan の方が Ælfric よりもややその比率が高い。[30]

形容詞では，呼び掛けに Alfred や Wulfstan では弱変化が一般的であるが，Ælfric では強変化で，þu/ge の後にのみ弱変化が用いられる。[31]

受動態に weorþan を使うことが Wulfstan よりも Ælfric の方に多い。[32]

注

1. I. A. Gordon (1966), p. 35.
2. L. M. Reinsma (1977) の特に p. 398.
3. Angus McIntosh (1949), pp. 114, 116 を参照。
4. M. R. Godden (1978), p. 109.
5. Gernot Wieland (1981), p. 126.
6. F. C. Robinson (1975), p. 72.
7. Karl Jost (1950), pp. 155-56.
8. Dorothy Bethurum (1957), p. 54.
9. Hans Schabram (1965), p. 98.
10. Ibid., p. 40.
11. Elmar Seebold (1974), pp. 332-33.
12. Hans Schabram (1974), pp. 77-78.
13. Helmut Gneuss (1972), p. 79.
14. M. McC. Gatch (1977), p. 22.
15. Ibid., p. 11.
16. Mechthild Gretsch (1974), p. 149.
17. M. R. Godden (1980), p. 223.
18. 小野茂 (1984) の第8章「'Winchester' word としての undergytan」を参照。
19. この点については小野 (1984) の第3章「英語散文の連続性をめぐって」を参照。
20. R. W. Chambers (1932), p. xc.
21. Bella Millett (1983), p. 100.
22. I. A. Gordon (1966), p. 43.
23. Ibid., p. 9.
24. R. W. Chambers (1932), p. xcvii.

25. R. M. Wilson (1959), p. 493.
26. J. A. W. Bennett & G. V. Smithers (1968), p. 224.
27. Bella Millett (1983), p. 102.
28. Ibid., pp. 107-8.
29. V. H. Galbraith (1941), pp. 117-19.
30. Kirsti Kivimaa (1966), pp. 34, 37, 39 による。小野茂・中尾俊夫 (1980), p. 329 参照。
31. Otto Funke (1949) による。小野・中尾 (1980), p. 348 参照。
32. L. G. Frary (1929), pp. 35-49 及び Georg Kurtz (1931), pp. 37-57 による。小野・中尾 (1980), p. 391 参照。

参考文献

Bennett, J. A. W. & G. V. Smithers (eds.) (1968). *Ealy Middle English Verse and Prose*, Second Edition. Oxford: Clarendon Press.
Bethurum, Dorothy (1932). "The Form of Ælfric's *Lives of the Saints*", *Studies in Philology*, 29, 515-33.
Bethurum, Dorothy (ed.) (1957). *The Homilies of Wulfstan*. Oxford: Clarendon Press.
Chambers, R. W. (1932), *On the Continuity of English Prose from Alfred to More and his School*, An Extract from the Introduction to *N. Harpsfield's Life of Sir Thomas More*, ed. E. V. Hitchcock and R. W. Chambers. EETS. OS. 186.
Clark, Cecily (1966). "*Ancrene Wisse* and *Katherine Group*: A Lexical Divergence", *Neophilologus*, 50, 117-24.
Clark, Cecily (1977). "As Seint Austin Seith . . ." *Medium Ævum,* 46,

212-18.

Frary, L. G. (1929). *Studies in the Syntax of the Old English Passive with Special Reference to the Use of* wesan *and* weorðan. Language Dissertations, 5. The Linguistic Society of America.

Funke, Otto (1949). "On the Use of the Attributive Adjective in OE Prose and Early ME", *English Studies*, 30, 151-56; rpt. in Otto Funke, *Gesammelte Aufsätze zur Anglistik und zur Sprachtheorie.* Schweizer Anglistische Arbeiten, 56. Bern: Francke, 1965, pp. 22-28.

Funke, Otto (1962). "Studien zur alliterierenden und rhythmierenden Prosa in der älteren altenglischen Homiletik", *Anglia*, 80, 9-36.

Galbraith, V. H. (1941). "Nationality and Language in Medieval England", *Transactions of the Royal Historical Society*, fourth series, 23, 113-28; rpt. in V. H. Galbraith, *Kings and Chroniclers: Essays in English Medieval History*. London: The Hambledon Press, 1982.

Gatch, M. McC. (1977). *Preaching and Theology in Anglo-Saxon England: Ælfric and Wulfstan*. Toronto: University of Toronto Press.

Gerould, G. H. (1924-5). "Abbot Ælfric's Rhythmic Prose", *Modern Philology*, 22, 353-66.

Gneuss, Helmut (1972). "The Origin of Standard Old English and Æthelwold's School at Winchester", *Anglo-Saxon England*, 1, 63-83.

Godden, M. R. (1978). "Aelfric and the Vernacular Prose Traditoin", P. E. Szarmach and B. F. Huppé (eds.), *The Old English Homily & its Backgrounds.* New York: State University of New York Press, pp. 99-117.

Godden, M. R. (ed.) (1979), *Ælfric's Catholic Homilies. The Second Series*. EETS. SS. 5.

Godden, M. R. (1980). "Ælfric's Changing Vocabulary", *English Studies*, 61, 206-23.

Gordon, I. A. (1966). *The Movement of English Prose*. London: Longmans.

Gretsch, Mechthild (1974), "Æthelwold's Translation of the *Regula Sancti Benedicti* and its Latin Exemplar", *Anglo-Saxon England*, 3, 125-51.

Jost, Karl (1950). *Wulfstanstudien*. Schweizer Anglistische Arbeiten, 23. Bern: Francke.

Kivimaa, Kirsti (1966), Þe and Þat as *Clause Connectives in Early Middle English with Especial Consideration of the Emergence of the Pleonastic Þat*. Commentationes Humanarum Litterarum, 39, 1. Helsinki: Societas Scientiarum Fennica.

Kurtz, Georg (1931). *Die Passivumschreibungen im Englischen*. Breslau Dissertation.

Lipp, F. R. (1969). "Ælfric's Old English Prose Style", *Studies in Philology*, 66, 689-718.

McIntosh, Angus (1949), "Wulfstan's Prose", Sir Israel Gollancz Lecture for 1948. *Proceedings of the British Academy,* 35, 109-42.

Millett, Bella (1983), "*Hali Meiðhad, Sawles Warde* and the Continuity of English Prose". E. G. Stanley & Douglas Gray (eds.), *Five Hundred Years of Words and Sounds for E. J. Dobson*. Cambridge: D. S. Brewer, pp. 100-8.

Needham, G. I. (ed.) (1966). *Aelfric: Lives of Three English Saints*.

Methuen's Old English Library. London: Methuen.

小野　茂（1984）『英語史の諸問題』東京：南雲堂

小野　茂・中尾俊夫（1980）『英語史 I』英語学大系 8. 東京：大修館

Pope, J. C. (ed.) (1967). *Homilies of Ælfric: A Supplementary Collection*. Vol. I. EETS. OS. 259.

Reinsma, L. M. (1977). "Rhetoric in England: The Age of Aelfric, 970 -1020", *Communication Monographs*, 44, 390-403.

Robinson, F. C. (1975). "Anglo-Saxon Studies: Present State and Future Prospects", *Mediaevalia*, 1, 62-77.

Schabram, Hans (1965). *Superbia: Studien zum altenglischen Wortschatz. I. Die dialektale und zeitliche Verbreitung des Wortguts*. München: Fink.

Schabram, Hans (1974), "AE. *Wlanc* und Ableitungen: Vorarbeiten zu einer wortgeschichtlichen Studie", P. G. Buchloh et al. (eds.), *Studien zur englischen und amerikanischen Sprache und Literatur: Festschrift für Helmut Papajewski*. Kieler Beiträge zur Anglistik und Amerikanistik, 10. Neumünster: Wachholtz, pp. 70-88.

Seebold, Elmar (1974). "Die ae. Entsprechungen von lat. *sapiens* und *prudens:* eine Untersuchung über die mundartliche Gliederung der ae. Literatur", *Anglia*, 92, 291-333.

Skeat, W. W. (ed.) (1881-1900). *Aelfric's Lives of Saints*. EETS. OS. 76, 83, 94, 114.

Wieland, Gernot (1981). "*Geminus Stilus:* Studies in Anglo-Latin Hagiography", M. W. Herren (ed.), *Insular Latin Studies: Papers on Latin Texts and Manuscripts of the British Isles: 550-1066*.

Papers in Mediaeval Studies, 1. Toronto: Pontifical Institute of Mediaeval Studies, pp. 113-33.

Wilson, R. M. (1959), "On the Continuity of English Prose", *Mélanges de Linguistique et de Philologie: Fernand Mossé in Memoriam.* Paris: Didier, pp. 486-94.

小野　茂氏
「中世紀英語散文の文体」について

山　川　喜久男

　小野氏は，英語史研究における文体論として，主として対象を中世紀英語すなわち OE と ME の時期の散文作品に限定し，(I) Ælfric と Wulfstan の散文文体，(II) Ælfric と Wulfstan の語彙，(III) 英語散文の連続性 (continuity) について考察を展開させている。まず (I) では，Ælfric も Wulfstan もともに中世ラテン修辞学からその文体技法を学び，どちらも rhythmical prose を書いたが，Ælfric はゆったりしたリズムの韻文的な文章を書いたのに対し，Wulfstan は激しいリズムから成る喚情的な文章を書いたと指摘する。特に Ælfric の場合，OE の韻文文体の特徴とラテン語の散文文体の特徴を合わせもつとする二重文体 (*geminus stilus*) 説を紹介し，さらにアングロ・ラテン語の影響に触れる。

　この Ælfric と Wulfstan の文体の相違を，(II) で語彙の面の考察によって掘り下げている。いくつかの語彙選択において Wulfstan は一時代前の Alfred と同じであるが，Ælfric とは異なっている。このように Ælfric と Wulfstan の語彙の相違には，両者の個人的気質の相違とともに，Ælfric が Winchester Group に属し，大修道院長の地位にあったのに対し，Wulfstan は大司教や司教を務めて，その用語が直接に会衆に語りかけるのに適した口語調の濃いものであったという社会的要因も考えられるという。

つぎに（III）の文体の連続性という重要問題では，散文では Gordon のいう話し言葉を基調とする実用の散文が Alfred 以来維持されているという洞察は注目すべきであるが，韻文（および韻文的散文）の場合には，内的ないし外的要因の個別的影響が大きく，概論しがたい性質のものであると説く。特に Chambers が英語散文史上で中枢の位置に据えた *Ancrene Riwle* についてその統語的特徴の点などに見られる近代性から，散文文体中の系譜上特殊な地位を占めるべきであり，その文体には 12 世紀のラテン文学の影響が作用していることを指摘する。

小野氏の論述は，英語史上における文体論は，結局各時代・各方言を代表するとみなされる作家や詩人の言語に対する内的および外的諸要因を考慮内に入れた個別的調査研究に立ち戻り，その上に比較考証が積み重ねられるべきであるという基本課題を，中枢的な具体面を考察することによって，明らかにしている。一方，論述中に，特定の作家や詩人の言語や一時期・一方言の言語における，たとえば統語法の研究は，それが言語の一レベルの研究である限り，一般性を帯びざるをえないものであるのに対し，文体研究は個別性を特徴とすると述べているが，これは問題の核心に触れたきわめて示唆的な発言と思われる。

全般に，小野氏が 1920 年代に始まり 1980 年代に至る多数の欧米の文献学者・英文学者および中世史学者の著書論文中の見解を克明に，そして秩序立てて参照しながら，見事に論考を展開させている周到ぶりと手際よさは印象的であった。

最後に，語彙の面で，Alfred から Wulfstan へと連なる系列に対し，Ælfric はその流れからはずれるもののように考えられるが，このことは統語法の面についても言えるものであろうかという論評者の質問に対し，小野氏は，関係詞の形態・形容詞の弱変化・受動態などの例を引いて，Ælfric と Wulfstan の間に統語法上の相違が認められると回答されたことを付言しておく。

（本章は 1983 年 12 月 3 日〜4 日，同志社大学で開催された英語史研究者専門会議における発表に基づくもので，後に寺澤芳雄・大泉昭夫編『英語史研究の方法』（南雲堂，1985），pp. 201-30 に収録された。）

3. フィロロジーのために

"What is Philology?"

1988年3月19日にハーヴァード大学で "What is Philology?" というコンファランスが開催された。その際の発表が *Comparative Literature Studies* の特輯号 (vol. 27, no.1, 1990) に掲載された後に単行本 *On Philology*, ed. Jan Ziolkowski (The Pennsylvania State U.P., 1990) として出版された。開催校の比較文学・古典学教授 Ziolkowski の "Introduction" によれば、このコンファランスの実現に当たって、Paul de Man の "The Return to Philology" (*The Resistance to Theory* [Minneapolis,1986], pp. 21-26) に力を得た上に、今日のフィロロジーと文学理論の間の軋轢が19世紀の文献学者 Ulrich von Wilamowitz-Moellendorff と Friedrich Nietzsche の間の衝突に先取りされていることも拍車をかけた。Ziolkowski の序論は私の言いたい事と一致する点が多いので、しばらく彼の言うところに耳を傾けてみたい。

OED の初版では philology につぎの二つの主な意味がある。

1. Love of learning and literature; the study of literature, in a wide sense, including grammar, literary criticism and inter-

pretation, the relation of literature and written records to history, etc.; literary or classical scholarship; polite learning. Now *rare* in *general* sense.

   3. *spec.* (in mod. use) The study of the structure and development of language; the science of language; linguistics (Really one branch of sense 1.)

Webster's New Universal Unabridged Dictionary の第 2 版にはつぎの定義が与えられている。

   1. originally, the love of learning and literature; study; scholarship.
   2. the study of written records, especially literary texts, in order to determine their authenticity, meaning, etc.
   3. linguistics: the current use.

コンファランスでは philology を linguistics と同一視することは全く異議なく斥けられた。つぎに "love of learning and literature" という一般的な意味にも時に言及されたが、コンファランスのほとんどが *Webster* の 2 に述べられた written records の "authenticity, meaning, etc." を決定する場合の philology の効用に費やされた。ビザンティン学者 Ihor Ševčenko はかつて "Philology is constituting and interpreting the texts that have come down to us. It is a narrow thing, but without it nothing else is possible." と言ったが、これは "The task of philology is above all to establish, interpret, and comment upon texts." という Ferdinand de Saussure の簡潔な定義と一致する。

Ziolkowski によれば，テクスト理解の一つの方法は個々の語の意味を前後の時期の証拠に基づいて決定することであり，この Wortphilologie (word-philology) は philology の一部門であるが，philology は単に "a grand etymological or lexicographic enterprise" ではなく，語にできるだけ多くの "original life and nuances" を復活させることでもある。過去の文明の書かれた記録を読むためには，フォークロア，伝説，法律，習慣など広義の文化史の知識が必要である。さらに Ziolkowski は文学がテレヴィジョン，映画，音楽にその地位を奪われている今日，philologists は読者に自分達が書物に関心を持つ理由を明らかにする必要があると言う。

1992 年 2 月にインディアナ州ノートルダム大学で開催されたコンファランスにおけるペーパーを集めた John Van Engen, ed., *The Past and Future of Medieval Studies* (Notre Dame, 1994) に，de Man のエッセイと同名の Lee Patterson, "The Return to Philology" (pp. 231-44) がある。そこに Leo Spitzer と Erich Auerbach の名前を見出して，大学卒業後間もなく前者の "Linguistics and Literary History" (同名の論文集 [Princeton, 1948], pp. 1-39) を読み，十数年後に後者の *Literary Language and Its Public in Late Latin Antiquity and in the Middle Ages* (N. Y., 1965) の序論 "Purpose and Method" (pp.3-24) を読んだ時の興奮を思い出した。Auerbach によって Vico へと導かれ，それ以来私にとっての philology は通念とは異なる広大な世界となり，困難とは知りながら，一歩でもそれに近づきたいと思うようになった。

イギリスの場合

上で Ziolkowski の所説を辿ってみたが，それはアメリカの場合であって，イギリスでは事情が異なる。*OED* の第 2 版では，先に引用した philology の定義 1 の "Now *rare* in *general* sense." が "Now *rare* in *general* sense except in the U.S." となっていて，最近の用例として "**1964** R.H. Robins *Gen. Linguistics* i. 6 In German, ... *Philologie* refers more to the scholarly study of literary texts, and more generally to the study of culture and civilization through literary documents... This meaning...is matched by...the use of *philology* in American learned circles. **1980** *Yale Rev.* Winter 312 Philology meant, and still ought to mean, the general study of literature." などが挙げられている。定義 3 には以下のような注がある。

This sense has never been current in the U.S. *Linguistics* is now the more usual term for the study of the structure of language, and, with qualifying adjective or adjective phrase, is replacing philology even in the restricted sense.

定義 3 の用例の中に "**1964** R. H. Robins *Gen. Linguistics* i.6 In British usage philology is generally equivalent to comparative philology, an older and still quite common term for what linguists technically refer to as comparative and historical linguistics." があり，定義 1 の Robins からの引用と併せて見ると英米の相違がよく理解できる。1995 年に刊行された 3 種の辞

書の philology の定義を見ると，*COD*⁹では "**1** the science of language, esp.in its historical and comparative aspects. **2** the love of learning and literature" のように，言語研究が先であり，学習辞書の *Cambridge International Dictionary of English* では "*dated* the study of language,esp. its history and development", *Longman Dictionary of Contemporary English* では "*old-fashioned* the study of words and of the way words and languages develop" で，philology には「言語(史)研究」を意味する「古風な」語というレッテルが貼られている。イギリスにおけるこのような状況を見ると，オックスフォード大学 Rawlinson and Bosworth Professor of Anglo-Saxon の Malcolm Godden がイギリスでは philology は言語の歴史的研究を指すが，自分は poetry を目指しているので philology という言葉は使わないと言ったことが理解できる。

Wilamowitz-Moellendorff, *Geschichte der Philologie* (1921, rev. 1927)の英訳 *History of Classical Scholarship* (London, 1982)の序文で，当時オックスフォード大学の Regius Professor of Greek だった Hugh Lloyd-Jones は，訳書を 'History of Philology' と呼ぶことができなかったのは，大抵のイギリス人にとって philology は'comparative philology'を意味するからであるが，philology という語が本来の'the love of literature, of thought, of all that is expressed in words'という意味で使われなくなったことは嘆かわしいと言っている。それには理由があった。19世紀後半以来 comparative という形容詞の付いた philology は変貌して自然科学と比肩するに至り，Language と Literature の'union'は危機に瀕した。しかしオックスフォードではその'union'は'survive'したと J. R. R. Tolkien Professor of

English Literature and Language (1980-97) の Douglas Gray は言う (*A Marriage of Mercury and Philology*. An Inaugural Lecture. Oxford, 1982)。Tolkien のつぎの言葉はそれを明確に述べている。

The right and natural sense of Language includes Literature, just as Literature includes the study of the language of literary works....Literature is, maybe, the highest operation or function of Language, but it is nonetheless Language. ("Valedictory Address to the University of Oxford, 5 June 1959" in *J.R.R. Tolkien: Scholar and Storyteller*, ed. Mary Salu and R.T. Farrell [Ithaca, 1979], pp. 25-26)

このようなことを見ると，philology はイギリスでは言語(史)研究を意味する古風な語になっているが，アメリカやドイツでこの語が表わす実体はイギリスにも存在すると考えられる。今世紀になって言語学が linguistics と呼ばれ，特にイギリスで主として比較歴史言語学を表わした philology は時代遅れの言葉という印象を与えるようになった。事情は日本でも同様である。しかしその訳語が何であれ本来の広い意味での philology は今も存在し，今後も存在し続けるであろう。

"the art of reading slowly"

On Philology の中で"What is philology?"という問いに対して，ハーヴァード大学言語学(印欧語学)教授 Calvert Watkins はつぎのように答えるが，出所を挙げていない。

What, then, is philology? Let me conclude with the definition of philology that my teacher Roman Jakobson gave (who got it from his teacher, who got it from his) : "Philology is the art of reading slowly."

ドイツの英語学者 F.W.D. Brie はその編著 *The Brut, or the Chronicles of England*. Part I (EETS. OS. 131 [1906]) につぎの Friedrich Nietzsche の言葉とその英訳を載せている。

Philologie nämlich ist jene ehrwürdige Kunst, welche von ihrem Verehrer vor Allem eins heischt, bei Seite gehen, sich zeit lassen, still werden, langsam werden—, als eine Goldschmiedekunst und Kennerschaft des Wortes, die lauter feine vorsichtige Arbeit abzuthun hat und Nichts erreicht, wenn sie es nicht lento erreicht. Gerade damit aber ist sie heute nöthiger als je, gerade dadurch zieht sie und bezaubert sie uns am stärksten, mitten in einem Zeitalter der "Arbeit", will sagen : der Hast, der unanständigen und schwitzenden Eilfertigkeit, das mit Allem gleich "fertig werden" will, auch mit jedem alten und neuen Buche: —sie selbst wird nicht so leicht fertig, sie lehrt gut lesen; das heisst *langsam*, tief, rück und vorsichtig, mit Hintergedanken, mit offen gelassenen Thüren, mit zarten Fingern und Augen *lesen*.

(Philology is that venerable art which demands one thing above all from its worshipper, to go aside, to take one's time, to become silent, to become slow—, as a goldsmith's art and connoisseurship of the word, which has to execute nothing but fine delicate work and which achieves nothing if it does not achieve it lento. Just that it is what makes it more necessary to day than ever, just by this it attracts and charms us most in the midst of an age of "work", *i.e.* of haste, of indecent and sweating hurry which wants "to have done" with everything in a moment, with any old and new book too: —while itself it is not so easily at an end; it teaches to read well; that means to *read slowly*, deeply, with consideration and carefully, with reservations, with open doors, with delicate fingers and eyes.)

Brie は挙げていないが，出典は *Morgenröte: Gedanken über die moralischen Vorurteile*『曙光，道徳的な偏見に関する思想』(1881) の序文である。序文は初版にはなく 1886 年に書かれて 1887 年の第 2 版に添えられた。引用文中の "read slowly" に相当する原典のドイツ語は "langsam...lesen" である（イタリック体筆者）。これが Jakobson の言葉の出典であるかどうかは別としても，この言葉は philology の精神をよく表わしていると同時に，事を急ぐ現代への警鐘でもある。*歴史主義が横行し自然科学の影響が人文科学に及んだ時に，当時の文献学を批判した Nietzsche も文献学本来の精神を捨てたわけではない。われわれは言葉を手掛りにして過去にわけ入り，想像力によって過去を現在に甦らせる努力を怠ってはならない。

"my pleasure in philology"

The utter inadequacy of current terminology, the need to reform it and, in order to do that, to demonstrate what sort of object language is, continually spoils *my pleasure in philology*, though I have no dearer wish than not to be made to think about the nature of language in general. (Jonathan Culler, *Saussure* [Fontana, 1976], p. 15. イタリック体筆者)

1894年1月4日 Antoine Meillet 宛の手紙で Ferdinand de Saussure はこう書いている。彼は言語学講義の書物を生前には著さなかったが，ニーベルンゲン伝説，トリスタン伝説，ラテン詩人のアナグラム研究の膨大な資料を未発表のままに残した。フィロロジーの愉しみは密かに始まり世に知られずに終わるべきかもしれない。しかしこの愉しみを少しでも多くの人たちと分かち合うことが今の私の願いである。

Es gibt so viele Morgenröten, die noch nicht geleuchtet haben.「まだ輝いたことのない数多の曙光がある。」(リグ・ヴェーダ) [Nietzsche が『曙光』のエピグラフとして掲げた言葉]

*上掲の Van Engen 編の論文集で，Roberta Frank の "On the Field" (pp. 204-16) はパーソナルな語り口による堂々たる中世研究の勧めであるが，Frank も philologists を "people who read texts slowly and searchingly" と言っている (p.212)。

II 古英語の語彙

4. 最近の OE 語彙研究

　語彙の方言的特徴を拠り所として作品の方言を決定しようとした試みの最も早い例は，恐らく Miller (1890) であろう。彼はこうして Old English Bede のマーシア方言起源を主張した。しかしアングリア方言語彙の特徴を，最初に体系的に研究したのは Jordan (1906) である。彼は方言的に限定された語彙の研究を Wortgeographie と名付けた。彼の研究は方法論上の指針を与えた先駆的なものであったが，約半世紀の間は発表された研究の数は少なかった。一つには音韻論・形態論が主流を占めていたからであり，もう一つには公表された業績の質が高いとはいえなかったために，この研究分野自体が不評であったからであろう。

　Scherer (1928) は *Gregory's Dialogues* のアングリア方言の写本と後期ウェスト・サクソン方言の写本の語彙の地理的・時代的差異を研究したが，基礎とした資料が不完全であるばかりでなく，参考資料が辞書その他の範囲を出ていなかった。これに続く Meißner (1934-5) は，Ælfric の語彙にアングリア方言要素が多いことを主張しているが，資料その他の点において，Scherer より後退していると言わざるを得ない。また Rauh (1936) はマタイ福音書の Lindisfarne, Rushworth 行間注解および West Saxon 訳の語彙を比較したが，やはり修正を要するものであった。

Menner (1947) は Meißner が Ælfric におけるアングリア方言要素を誇張していると言う。また Menner (1948) は Wulfstan の語彙について，Scherer, Rauh がアングリア方言とサクソン方言の混合であると言うのに対して，真作とそうでないものを区別するならば，アングリア方言要素は非常に少ないと述べる。Menner (1949) でも Scherer, Rauh のアングリア方言語彙のリストが不完全なことが示されている。

1950 年代に入ると長年の Wulfstan 研究の成果である Jost (1950), Bethurum (1957) が上梓されたが，そのほか Bede の原本をアングリア方言とする Campbell (1951), *Peterborough Chronicle* の語彙を扱った Clark (1952-3)，特に初期古英詩語彙の地域決定に異論を唱える Sisam (1953)，説教散文 *St. Chad* におけるマーシア方言を明らかにした Vleeskruyer (1953) などが発表された。Vleeskruyer は OE 語彙の方言的差異の研究が，Menner のものを除いて，先駆的業績である Jordan 以来ほとんど進歩していないと述べながら，Jordan の用いた 'Wortgeographie' という用語については，OE 文献の言語が地域方言の反映というよりはむしろ高度に artificial な，そして個人的な特徴を有する idioms であるから，misleading だとしている。

Jordan から 50 年代までの研究を回顧して Funke (1958) は，Jordan の方法が未だに有効であるが，資料ができるだけ完全でなければならないと述べ，また Alfred の翻訳の語彙研究が必要であるとも言っている。

可能な限り完全な資料を利用した徹底的な研究が行なわれたのは，ようやく Wortgeographie が始まって以来ほぼ 60 年の後に発表された Schabram (1965) においてであった。これはラ

テン語 superbia（および superbus, superbe, superbire）に対応する OE 語彙の方言的・時代的分布を，1100 年以前に成立したすべての OE 文献に基づいて調査したものであり，その後の研究に指針を与えることとなった。その結論を簡単に述べれば次のようになるであろう。アングリア方言ではすべての時期を通じて oferhyʒd- が用いられたが，ウェスト・サクソン方言では，初期には ofermod- であり，10 世紀半ばからフランス語から入った prut- が現われ始め，10 世紀後半の *Benedictine Rule* 訳に初めて modiʒ- が現われて，これが進出した。しかし Ælfric はほとんど例外なく modiʒ- を用いたのに対して，Wulfstan は徹頭徹尾 ofermod- と prut- を用いた。これを Schabram は時代でも方言でもない個人的な相違と考える。以上は散文の場合であるが，詩についても散文と同様に，アングリア方言 oferhyʒd-，南部方言 ofermod- であって，地域方言を超えた OE poetic dialect の想定（たとえば Sisam）に反する。Schabram (1973) は上記への補足である。Schabram (1969) は Meißner (1934-5) 批判を中心としながら，Scherer (1928), Rauh (1936) などの欠陥も指摘して徹底的な研究の必要を説く。また Schabram (1974) は wlanc とその派生語について従来の研究が不十分であるとして再調査を行なっている。後期ウェスト・サクソン方言について，これらの語を Wulfstan は用いているのに対して Ælfric は全く用いていないこと，Wulfstan が Ælfric と異なって Alfred と同じであることなども明らかにされている。

Seebold (1974) は Schabram の方法によって，ラテン語 sapiens と prudens に対応する OE の語彙を調べたものである。その結びに研究の結果が概観されているが，prudens について

は Schabram (1965) の結果が並記されている。下記はその概略である。

1. a) 'sapiens': Angl. snottur, 後に散発的に wis——南部 wis, wita (n.), 散発的に snotor.
   b) 'insipiens': Angl. unwis, unsnottur——南部 unwis; snotor を含むテキストでは unsnotor も。
2. 'prudens':
   a) Angl.: snottur, その他 Northamb. hoga, Merc. gleaw, wis.
   b) 南部: (superbus と比較)

	'prudens'	'superbus'
Alfred サークル	wær(scipe)	ofermod/-mettu
Wulfstan	wær(scipe)	ofermod/-mettu, ofermodigness
聖書翻訳		
初期	gleaw(ness)	ofermod(ness)
後期	gleaw(ness), snotor(ness)	ofermod(ness), ofermodig(ness)
Orosius	(snyttru)	ofermodig/-mettu
Benedictine group	snotor(ness)	modig(ness)

Ælfric は, sapiens には wis を, prudens には snotor を, そして superbus には modig を使っている。Schabram (1974) と同様に, Wulfstan は Ælfric と異なっていて, Alfred と同様である。Ælfric は Benedictine group に属している。そこで Ælfric と Wulfstan の相違は単に個人間の相違ではなさそうである。

Gneuss (1972) は，ベネディクト改革の中心人物の一人であって自ら *Regula Sancti Benedicti* を訳した司教 Æthelwold の Winchester school で語彙の統一を含む言葉の standardization が行なわれたと主張して，Ælfric の作品，*The Lambeth Psalter* 注解，*Expositio Hymnorum* 注解，*Rule of Chrodegang* 訳を 'Winchester group' と呼んだ。Gneuss (1968) は *Expositio Hymnorum* のテクストと詳細な研究であり，Gretsch (1973, 1974) の *Regula Sancti Benedicti* 研究もその系列に属するものであって，*Regula Sancti Benedicti* の Ærhelwold による OE 訳の語彙が Winchester における standardization の初期の段階を示すものであると論じている。

最近のドイツにおける OE 語彙研究のほとんどは，Göttingen 大学教授 Hans Schabram または München 大学教授 Helmut Gneuss の指導のもとに行なわれている。前者は Schabram (1965) を指針とするもので，既出の Seebold (1974) をはじめ Grinda (1975), Wenisch (1976, 1978, 1979), Rüden (1978) などがあり，後者は既出の Gretsch (1973, 1974) とそれに続く Kirschner (1975), Korhammer (1976) などで，Gneuss (1968, 1972) の主張する 'Winchester group' と多かれ少なかれ係わりがあり，詳細なテクスト研究と校訂を特徴とする。

Grinda (1975) は，徹底的な資料収集に基づいて 'work', 'toil' を表わす OE 語彙を研究し 'work' の意味では weorc が OE 期を通じてほとんど変化なく用いられたのに対して 'toil' の意味では，ウェスト・サクソン方言で geswinc，アングリア方言では gewinn が支配的で，gedeorf は Benedictine group に初めて見られ，earfoðness は遅く現われることを明らかにして

いる。Ælfric には多い geswinc が Wulfstan にはきわめてまれであるという観察もある。同一概念を表わす一群の語を扱うという点では Kirschner (1975) も同様で，ラテン語 corona 'wreath, crown' の対応語として，アングリア方言の散文と詩および初期ウェスト・サクソン方言では beag が用いられたが，Alfred 以後のウェスト・サクソン方言では helm, cynehelm, wuldorbeag がこれに取って代わることを示している。Rüden (1978) は Schabram (1974) を継承すると共に ME におよび，'rich, proud' から 'good-looking, beautiful' への意味の変遷をたどっている。

Korhammer (1976) はラテン語聖歌の行間訳の，また Sauer (1978) は *Theodulfi Capitula* (および *Macarius Homily*) の OE 訳の刊本であるが，いずれにも諸写本の比較に基づく詳細な語彙研究が含まれている。

Wenisch (1979) はルカ福音書へのノーサンブリア方言行間注解 (Lindisfarne および Rushworth 2) におけるアングリア方言特有の語彙を，入手し得る限りすべての OE 文献における例を収集して調査したものであって，その徹底的な方法において Schabram (1965) を受け継ぎ，一群の語ではなく一つのかなりの分量のテクストにおける語彙を調べたという点で Scherer (1928), Rauh (1936) に従っている。この研究の結論の要点は次の如くである。

1. 従来の研究でアングリア方言特有とされている語のうち 16 語は OE 共通である。
2. 従来の研究通りアングリア方言特有と確認された語のうち，57 語はノーサンブリア方言に限られ，10 語は 10 世紀以降はアングリア方言共通で，74 語は OE 期を通じてアングリア

方言に限られていた。
3. 本研究によって216語が初めてアングリア方言特有と決定されたが，その中で52語はアングリア方言共通，2語は10世紀以降アングリア方言共通，23語はノーサンブリア方言のみで，139語はノーサンブリア方言の *Lindisfarne gospels* および *Rushworth gospels* の中でそれに依存する部分（Ru² と Ru¹ *Mk* 1, 1-2, 15) に限られる。

また本書によってテクストの方言分類に関する新たな知見も与えられ，さらに詩については，南部の詩にも今まで考えられていた以上にアングリア方言特有の語が用いられていたことがわかるが，南部起源の詩にはウェスト・サクソン乃至南部イングランド方言語彙も見られるので，OE 詩の言語がアングリア方言を基盤とした一種の 'supradialektale Kunstsprache' だと考えるのは危険であるとされる。このように本書はアングリア方言語彙についての現在までの知識の集大成であると共に，今後の研究の出発点になると言えよう。本研究は当初はウェスト・サクソン方言訳をも含む筈だった由である。そこでウェスト・サクソン方言についての同様の研究が望まれる所であるが，*The Battle of Maldon* には Schabram (1965) が指摘した ofermod 以外に少なくとも gehende と ætforan の 2 語のサクソン方言語彙があることを証明した Wenisch (1976) と，Rauh (1936) が "sächsisch" または "fraglich sächsisch" とした語のうち 9 語がアングリア方言にも証明されるとした Wenisch (1978) がそれを補っている。（なお Wenisch (1979) と同じく福音書を資料とした Tuso (1966, 1968) は主要な訳語（"primary terms"）に見られる方言間の相違を扱ったもので，目的を異にするが，各方言における語彙選択（word-preference）と

いう重要な問題を提出している。）

　以上最近のドイツにおける研究については，筆者の目に触れたものの中から取り上げたに過ぎない。Gneuss 教授からの私信（22 Jan. 1982）によれば，München 大学の Walter Hofstetter による Winchester vocabulary に関する研究書の完成が間近かであるということである。[Hofstetter の研究は *Winchester und der spätaltenglische Sprachgebrauch: Untersuchungen zur geographischen und zeitlichen Verbreitung altenglischer Synonyme* (München: Fink, 1987)として刊行された。"Winchester and the Standardization of Old English Vocabulary," *Anglo-Saxon England* 17 (1988), 139-61 に要約されている。]

　他方イギリスでは，OE 詩における散文語彙を扱った Stanley (1971) のような研究もあるが，語彙研究の中心は Alfred と Ælfric のテクストと作者決定に関連している。Bately (1970) は主として語彙，Liggins (1970) は統語法の点から，*Orosius* の訳者は Alfred ではないとの結論を下した。Bately (1980) は *Orosius* の新しい刊本であるが，その序論に Pope (1967-8)，Gneuss (1972) など最近の語彙研究は distinctive features の identification に主として係わっていて，non-distinctive features の distribution を問題にしていないという批判が述べられているが，後者を問題とした研究は Bately (1980 for 1978) に見られる。Bately (1982) は語彙の点から *Paris Psalter* の散文の部分の訳者を Alfred としている。*Cura Pastoralis* については Horgan (1980, 1981) がある。

　Ælfric の *Catholic Homilies* の新版は Clemoes による First Series [EETS. SS. 17 として 1997 年に刊行された] に先立って Godden (1979[1]) の Second Series が出版されたが，その序

論と variant readings は注目に価する。そして Godden (1980) は個人の語彙選択に見られる変化という、これまでほとんど考慮されなかった面を扱っている。たとえば *Catholic Homilies* では 'martyr' の意味で cyðere と martyr を等しく使っているが、*Lives of Saints* では martyr 49 に対して cyðere 2 に過ぎない。Ælfric の属する Winchester group では cyðere が選ばれているので、Ælfric はそれから離れて行ったのである。cyðere は Winchester group 以外ではよく知られておらず、Ælfric が 'wider public' との接触の結果それを捨てたのではないかと思われる。また初期には全く見られなかった lagu を使うようになったのは Wulfstan との接触の頃からであった。Ælfric の最後の 10 年 (1000-10) における基本的語彙は最初の 10 年のそれと幾つかの点で全く異なっていた。語彙の標準化に関心を持った Winchester で訓練を受けた Ælfric ですらこうなのであるから、アングロ・サクソンの作家の基本的語彙が時代と地域によって決定されていたという考えは慎重に考慮する必要があると Godden は言う。

　Toronto 大学で編さん中の Augus Cameron 編 *Dictionary of Old English* のために作られた *A Microfiche to Old English* (compiled by R. L. Venezky and A. diPaolo Healey. Univ. of Toronto, 1980) が刊行された。非常に頻度の高い機能語(とその homographs)が除かれたのは残念であるが、このコンコーダンスが、準備中の上記辞書と共に果たすであろう役割の大きさは測り知れない。[その後 *A Microfiche Concordance to Old English: The High-Frequency Words* (compiled by R. L. Venezky and Sharon Butler, 1988) が刊行され、1986 年に *Dictionary of Old English* のマイクロフィッシュによる刊行が始

まった。］ついでながら Toronto Old English Series に加えられた Yerkes (1979) はマーシア方言の写本 C, O と後期ウェスト・サクソン方言の写本 H の語彙の相違のリストであって，語彙研究の貴重な資料を提供する。同じシリーズの Chase (1981) には *Beowulf* の言語研究が含まれている。年代決定における語彙の役割りに関しては Amos (1980) と *Beowulf* 写本を再検討した Kiernan (1981) を挙げることができる。

このほか語形成に関する Hallander (1966), 詩語を扱った Metcalf (1973), 語源研究 Bammesberger (1979), さらに主としてドイツで発表された多数の意味論的・名義論的 (semasiologisch-onomasiologisch) 研究，語分野研究 (Wortfeldforschung) などがあるが，ここでは語彙史的観点から，最近活発に行なわれている語彙の地理的・時代的研究——いわゆる Wortgeographie und -chronologie——に限って述べたことを断っておく。このように主題を限定してもなお，与えられた紙数をすでに超過してしまったが，蛇足ながら最後に二三所見をつけ加えておきたい。そもそも Wortgeographie というのは，Jordan (1906) が述べているように，それ自体で興味あるのみならず，テキストの出所 (provenance) 決定手段として役立つものである。語史的に見るならばこれまた Jordan (1906) が提言し Campbell (1951) 等が引き継いでいるように，近代標準英語はその音韻・形態を主としてミッドランド方言，すなわちさかのぼれば OE のマーシア方言から得たが，語彙の多くをサクソン方言（ウェスト・サクソン方言と言いかえてもよい）から得ているという重要な問題がある。他方テキストの出所つまり方言決定については，Gneuss (1972) の主張する所では，他方言または後代の写字生が転写する際に，音韻は変更するが

語彙は保存することがしばしばあるので,従来音韻・形態に偏していたために不当に顧みられなかった語彙研究が必要である。そして特に標準化を目指した Winchester school の後期ウェスト・サクソン方言が重要であり,これが Jordan の暗示する後代への歴史的意味を持つのである。ところが 1960 年代半ばまでの研究は徹底性と厳密性を欠いていて,ようやく Schabram (1965) によって本格的な研究が始まったと言っても過言ではない。そして Schabram や Gneuss の指導のもとに行なわれている諸研究が多くの信頼すべき事実を明らかにしていることは否定できない。しかし徹底性・厳密性のみですべてを明らかにし得るのであろうか。特に研究が緻密になればなるほど,語史的な一般化を拒む性質の事実が明示乃至暗示され,解釈を求めるのである。そして伝統,流派,個人によっても異なる書き言葉であるが故に,Vleeskruyer (1953) もすでに指摘しているように,'Wortgeographie' という用語は 'misleading' であるという一面を持っている。Godden (1979^2) は Sauer (1978) の厳密性を認めた上で,"even so one wonders whether such evidence is remotely useful in placing the work of a translator who has such evident delight in using as wide a range of vocabulary as possible" と言い,Godden (1980) は個人の言語における時間的変化の証拠を提出して最近の語彙研究に批判の言葉を投げかける。また Bately (1978) は Kirschner (1975) への批評において,wuldorbeag は後期ウェスト・サクソン方言に typical な語であるが,初期ウェスト・サクソン方言にこの語がないからといって,この語の年代的分布を何ら証明しない,Alfredian texts の corona に対応する語の一つも Winchester school なら wuldorbeag を使うと思われるコンテクストには起

こっていないと言う。これらの批判は，必要ではあるが行き過ぎになり勝ちな科学性への警告であり，一般性に対する個別性の重視であり，また用例の不在に対する慎重な解釈であって，研究のバランスを維持する上で貴重な評言である。また Bately (1980) も指摘するように，方言特有の語彙のみでなく，諸方言共通の語彙であっても，その preference の相違があるので，その意味では Tuso (1966, 1968) も有益である。さらに語の存在・不在のみならず，語義のそれらが重要であることは言うまでもないが，Schabram (1965) に対する Käsmann (1968) の批評に見られるような，初期中英語における事実からの解釈の試みも有効な場合があり，そのような連続性を意図してはじめて，真の語彙史的意味づけが可能になるのである。

参考文献

Amos, A. C. (1980), *Linguistic Means of Determining the Dates of Old English Literary Texts*. Medieval Academy Books, 90. Cambridge, Mass.: The Medieval Academy of America.

Bäck, Hilding (1934), *The Synonyms for "Child", "Boy", "Girl" in Old English. An Etymological-Semasiological Investigation.* Lund Studies in English, 2. Lund: Gleerup.

Bammesberger, Alfred (1979), *Beiträge zu einem etymologischen Wörterbuch des Altenglischen: Berichtungen und Nachträge zum Altenglischen etymologischen Wörterbuch von Ferdinand Holthausen.* Anglistische Forschungen, 139. Heidelberg: Winter.

Bately, J. M. (1970),"King Alfred and the Old English Translation of Orosius", *Anglia,* 88, 433-60.

Bately, J. M. (1978), Review of Kirschner (1975), *Anglia*, 96, 467-70.

Bately, J. M. (1980 for 1978),"The Compilation of the Anglo-Saxon Chronicle, 60 BC to AD 890: Vocabulary as Evidence", Sir Israel Gollancz Memorial Lecture. *Proceedings of the British Academy*, 64, 93-129.

Bately, J. M. (ed.) (1980), *The Old English Orosius*. EETS. SS. 6.

Bately, J. M. (1982),"Lexical Evidence for the Authorship of the Prose Psalms in the Paris Psalter", *Anglo-Saxon England*, 10, 69-95.

Bethurum, Dorothy (ed.) (1957), *The Homilies of Wulfstan*. Oxford: Clarendon Press.

Cameron, Angus (1980), Review of Grinda (1975), *Medium Ævum*, 49, 163-64.

Campbell, J. J. (1951),"The Dialect Vocabulary of the OE Bede", *JEGP*, 50, 349-72.

Chase, Colin (ed.) (1981), *The Dating of Beowulf*. Toronto Old English Series, 6. Toronto: Univ. of Toronto Press. (esp. Angus Cameron, A. C. Amos and Gregory Waite, with the Assistance of Sharon Butler and A. diPaolo Healey,"A Reconsideration of the Language of *Beowulf*")

Clark, Cecily (1952-3),"Studies in the Vocabulary of the *Peterborough Chronicle*, 1070-1154", *English and Germanic Studies*, 5, 67-89.

Funke, Otto (1958),"Altenglische Wortgeographie. Eine bibliographische Überschau", *Anglistische Studien. Festschrift zum 70. Geburtstag von Professor Friedrich Wild*, ed. Karl Brunner et al. Wiener Beiträge zur Englischen Philologie, 66. Wien-Stuttgart: Braumüller, 39-51; rpt. in Otto Funke, *Gesammelte Aufsätze zur*

Anglistik und zur Sprachtheorie. Schweizer Anglistische Arbeiten, 56. Bern: Francke, 1965, 5-15.

Funke, Otto (1966), Review of Schabram (1965), *Anglia*, 84, 407-9.

Gneuss, Helmut (1955), *Lehnbildungen und Lehnbedeutungen im Altenglischen*. Berlin, Bielfeld, München: Schmidt.

Gneuss, Helmut (1968), *Hymnar und Hymnen im englischen Mittelalter: Studien zur Überlieferung, Glossierung und Übersetzung lateinischer Hymnen in England, mit einer Textausgabe der lateinisch-altenglischen Expositio Hymnorum*. Tübingen: Niemeyer.

Gneuss, Helmut (1972),"The Origin of Standard Old English and Æthelwold's School at Winchester", *Anglo-Saxon England*, 1, 63-83.

Godden, M. R. (ed.) (1979[1]) *Ælfric's Catholic Homilies. The Second Series. Text*. EETS. SS. 5.

Godden, M. R. (1979[2]), Review of Sauer (1978), *Medium Ævum*, 48, 262-65.

Godden, M. R. (1980),"Ælfric's Changing Vocabulary", *English Studies*, 61, 206-23.

Gretsch, Mechthild (1973), *Die Regula Sancti Benedicti in England und ihre altenglische Übersetzung*. Texte und Untersuchungen zur Englischen Philologie, 2. München: Fink.

Gretsch, Mechthild (1974),"Æthelwold's Translation of the *Regula Sancti Benedicti* and its Latin Exemplar", *Anglo-Saxon England*, 3, 125-51.

Grinda, K. R. (1975), *'Arbeit' und 'Mühe'. Untersuchungen zur Bedeutungsgeschichte altenglischer Wörter*. München: Fink.

Hallander, Lars-G. (1966), *Old English Verbs in -sian. A Semantic and Derivational Study.* Stockholm Studies in English, 16. Stockholm: Almqvist & Wiksell.

Hofstetter, Walter (1979),"Der Erstbeleg von ae. *pryte/pryde*", *Anglia*, 97, 172-75.

Horgan, D. M. (1980),"Patterns of Variation and Interchangeability in some Old English Prefixes", *Neuphilologische Mitteilungen*, 81, 127-30.

Horgan, D. M. (1981),"The Lexical and Syntactic Variants Shared by Two of the Later Manuscripts of King Alfred's Translation of Gregory's *Cura Pastoralis*", *Anglo-Saxon England*, 9, 213-21.

Jordan, Richard (1906), *Eigentümlichkeiten des anglischen Wortschatzes. Eine wortgeographische Untersuchung mit etymologischen Anmerkungen*. Anglistische Forschungen, 17. Heidelberg: Winter.

Jost, Karl (1927),"Unechte Ælfrictexte", *Anglia*, 61, 81-103, 177-219.

Jost, Karl (1950), *Wulfstanstudien*. Schweizer Anglistische Arbeiten, 23. Bern: Francke.

Käsmann, Hans (1961), *Studien zum kirchlichen Wortschatz des Mittelenglischen 1100-1350*. Buchreihe der Anglia, 9. Tübingen: Niemeyer.

Käsmann, Hans (1968), Review of Schabram (1965), *Beiträge zur Geschichte der deutschen Sprache und Literatur* (Tübingen), 89, 348-51.

Kiernan, K. S. (1981), *Beowulf and Beowulf Manuscript*. New Brunswick, N. J.: Rutgers Univ. Press.

Kirschner, Josef (1975), *Die Bezeichnungen für Kranz und Krone im Altenglischen*. Diss. München.

Korhammer, Michael (1976), *Die monastischen Cantica im*

Mittelalter und ihre altenglischen Interlinearversionen. Texte und Untersuchungen zur Englischen Philologie, 6. München: Fink.

Liggins, E. M. (1970),"The Authorship of the Old English *Orosius*", *Anglia*, 88, 289-322.

Lindheim, Bogislav von (1951-2),"Traces of Colloquial Speech in OE", *Anglia*, 70, 22-42.

Meißner, Paul (1934-5),"Studien zum Wortschatz Aelfrics", *Archiv für das Studium der neueren Sprachen und Literaturen*, 165, 11-19; 166, 30-39, 205-15.

Menner, R. J. (1947),"The Vocabulary of the Old English Poems on the Judgment Day", *PMLA*, 62, 583-97.

Menner, R. J. (1948),"Anglian and Saxon Elements in Wulfstan's Vocabulary", *Modern Language Notes,* 63, 1-9.

Menner, R. J. (1949), "The Anglian Vocabulary of the *Blickling Homilies*", *Philologica: The Malone Anniversary Studies*, ed. T. A. Kirby and H. B. Woolf. Baltimore: The Johns Hopkins Press, 56-64.

Menner, R. J. (1951-2),"The Date and Dialect of *Genesis A* 852-2936", *Anglia*, 70, 285-94.

Metcalf, A. A. (1973), *Poetic Diction in the Old English Meters of Boethius.* De Proprietatibus Litterarum. Series Practica, 50. The Hauge: Mouton.

Miller, Thomas (1890), *The Old English Version of Bede's Ecclesiastical History of the English People.* Part I, 1. EETS. OS. 95.

Pope, J. C. (ed.) (1967-8), *Homilies of Ælfric: A Supplementary Collection.* EETS. 259-60.

Rauh, Hildegard (1936), *Der Wortschatz der altenglischen Uebersetzungen des Matthaeus-Evangeliums untersucht auf seine dialektis-*

che und zeitliche Gebundenheit. Diss. Berlin.

Rüden, Michael von (1978), *Wlanc und Derivate im Alt- und Mittelenglischen. Eine wortgeschichtliche Studie.* Europäische Hochschulschriften, Reihe 14. Angelsächsische Sprache und Literatur, 61. Frankfurt am Main, Bern, Las Vegas: Peter Lang.

Sauer, Hans (ed.) (1978), *Theodulfi Capitula in England. Die altenglischen Übersetzungen, zusammen mit dem lateinischen Text.* Texte und Untersuchungen zur Englischen Philologie, 8. München: Fink.

Sauer, Hans (1981), Review of Wenisch (1979), *Anglia,* 99, 420-24.

Schabram, Hans (1965), *Superbia. Studien zum altenglischen Wortschatz.* Teil I: *Die dialektale und zeitliche Verbreitung des Wortguts.* München: Fink.

Schabram, Hans (1969),"Kritische Bemerkungen zu Angaben über die Verbreitung altenglischer Wörter", *Festschrift für Edgar Mertner,* ed. Bernhard Fabian und Ulrich Suerbaum. München, 89-102.

Schabram, Hans (1970[1]),"Bemerkungen zu den ae. Nomina Agentis auf *-estre* und *-icge", Anglia,* 88, 94-98.

Schabram, Hans (1970[2]),"Etymologie und Kontextanalyse in der altenglishen Semantik", *Zeitschrift für Vergleichende Sprachforschung,* 84, 233-53.

Schabram, Hans (1973),"Das altenglische *superbia*-Wortgut. Eine Nachlese", *Festschrift Prof. Dr. Herbert Koziol zum siebzigsten Geburtstag,* ed. Gero Bauer et al. Wiener Beiträge zur Englischen Philologie, 75. Wien-Stuttgart: Braumüller, 272-79.

Schabram, Hans (1974),"Ae. *wlanc* und Ableitungen. Vorarbeiten zu einer wortgeschichtlichen Studie", *Studien zur englischen und amerikanischen Sprache und Literatur. Festschrift für Helmut*

Papajewski, ed. P. G. Buchloh et al. Kieler Beiträge zur Anglistik und Amerikanistik, 10. Neumünster: Wachholtz, 70-88.

Scherer, Günther (1928), *Zur Geographie und Chronologie des angelsächsischen Wortschatzes, im Anschluß an Bischof Waerferth's Übersetzung der "Dialoge" Gregors*. Diss. Berlin.

Seebold, Elmar (1974),"Die ae. Entsprechungen von lat. *sapiens* und *prudens*. Eine Untersuchung über die mundartliche Gliederung der ae. Literatur", *Anglia*, 92, 291-333.

Sisam, Kenneth (1953), *Studies in the History of Old English Literature*. Oxford: Clarendon Press. (esp. 8. Dialect Origins of the Earlier Old English Verse; 10. MSS. Bodley 340 and 342: Ælfric's *Catholic Homilies*)

Stanley, E. G. (1971),"Studies in the Prosaic Vocabulary of Old English Verse", *Neuphilologische Mitteilungen*, 72, 385-418.

Stanley, E. G. (1979), Review of Rüden (1978), *Medium Ævum*, 48, 271.

Tuso, J. F. (1966), *An Analysis and Glossary of Dialectal Variations of Three Late Tenth-Century Old English Texts, the Corpus, Lindisfarne, and Rushworth Gospels*. Diss. Univ. of Arizona.

Tuso, J. F. (1968),"An Analysis and Glossary of Dialectal Synonymy in the *Corpus, Lindisfarne, and Rushworth Gospels*", *Linguistics*, 43, 89-118.

Vleeskruyer, Rudolph (ed.) (1953), *The Life of St. Chad. An Old English Homily*. Amsterdam: North-Holland.

Wenisch, Franz (1976),"Sächsische Dialektwörter in *The Battle of Maldon*", *Indogermanische Forschungen*, 81, 181-203.

Wenisch, Franz (1978),"Kritische Bemerkungen zu Angaben über die

Verbreitung einiger angeblich westsächsischer Dialektwörter", *Anglia*, 96, 5-44.

Wenisch, Franz (1979), *Spezifisch anglisches Wortgut in den nordhumbrischen Interlinearglossierungen des Lukasevangeliums*. Anglistische Forschungen, 132. Heidelberg: Winter.

Yerkes, David (1979), *The Two Versions of Waerferth's Translation of Gregory's Dialogues: An Old English Thesaurus*. Toronto Old English Series, 4. Toronto: Univ. of Toronto Press.

［その後発表された OE 語彙研究の概観を 2 点挙げておく。

Kastovsky, Dieter (1992), "Semantics and Vocabulary", in Richard M. Hogg (ed.), *The Cambridge History of the English Language*, Vol. I: *The Beginnings to 1066*. Cambridge: Cambridge Univ. Press, pp. 290-408 (Ch. 5).

Sauer, Hans (1992), "Old English Word Geography: Some Problems and Results", in Wilhelm G. Busse (ed.), *Anglistentag 1991 Düsseldorf*. Tübingen: Niemeyer, 307-26.］

5. 古英語の認識動詞とその歴史的背景

まえがき

　現代英語の代表的な認識動詞 (verb of knowing) は言うまでもなく know である。これに相当する古英語の動詞は cnāwan であるが、この形が現われるのは11世紀末になってからであり、それまでは接頭辞のついた gecnāwan, oncnāwan などが用いられていた。しかしこれらの動詞も古英語ではあまり用いられず、当時の代表的な認識動詞は cunnan と witan であった。これらはドイツ語の können と wissen に相当する。フランス語にも認識動詞としては connaître と savoir の二つがあって、その点ではドイツ語 (kennen と wissen) や古英語と同様で、know のみの現代英語の方がむしろ例外的である。

　古英語の cunnan はラテン語の gnōscere と同語源で原義は 'to know' であり、witan はラテン語の vidēre と同語源で原義は 'to see' である。しかし両者の最も著しい相違は、cunnan が不定詞を目的語とし得たことと、witan が節 (clause) を目的語とすることが多かったことである。それ以外に両者共に名詞または代名詞を目的語としたが、*OED* の Can の項に **1.** To know. **a.** To know or be acquainted with (a person). **b.** To know or have learned (a thing); to have practical knowledge of

第1表

	WSCp		*Li*		*Rul*	
agnoscere 3 (*Li* 4)[1]	cunnan	1[2]	ongeatta	3(75%)	ongetan	1
	gecnawan	1	oncnawa	1		
	oncnawan	1				
cognoscere 80(*Li* 79)	gecnawan	23(29%)	ongetta	66(84%)	ongetan	8(89%)
	oncnawan	21(26%)	oncnawa	5(6%)	gretan	1
	witan	21(26%)	cunna	4(5%)		
	cunnan	5(6%)	wuta	2(2.5%)		
	ongytan	5(6%)	gecunna	1		
	undergytan	3(4%)	gecyða	1		
	gehyran	1				
	gretan	1				
ignorare 5	nytan	4(80%)	ne wuta / nuta	3(60%)	ne witan	1
			ne cunna	1		
			ne oncnawa	1		
intelligere 26	ongytan	24(92%)	oncnawa	19(73%)	ongetan	13(100%)
	understandan	1	ongeatta	5(19%)		
	wæs behydd	1	cunna	1		
			geatta	1		
noscere 29	cunnan	20(69%)	wita	16(55%)	cunnan	7(88%)
	cyþan	3(10%)	cunna	7(24%)	gecunnan	1
	witan	3(10%)	cuð	5(17%)		
	cuð	2(7%)	gewuta	1		
	gecnawan	1				
sapere 2	nytan	2(100%)	oncnawa	1	cunnan	1
			ongeatta	1		
scire 128	witan	111(87%)	wuta	120(94%)	witan	25(96%)
	cunnan	13(10%)	gewuta	5(4%)	cunnan	1
	secgan	2(1.5%)	cunna	1		
	gecnawan	1	geasciga	1		
	geopenian	1	geyppa	1		
nescire 44	nytan	36(82%)	ne wuta / nuta	40(91%)	nytan / ne witan	4(50%)
	ne cunnan	8(18%)	ne cunna	4(9%)	ne cunnan	4(50%)

(1. āgnōscere, cōgnōscere に (*Li* 4), (*Li* 79) としたのは *WSCp*, *Rul* のラテン語本文における cōgnōscere の1箇所が *Li* の本文では āgnōscere になっているからである。2. 以下すべて1例の場合はパーセントを省略する。)

(a language, art, etc.). とあり，Wit の項に **1.** To have cognizance or knowledge of; to be aware of; to know (as a fact or an existing thing). とあるように，大体において，cunnan に特有の目的語は，人，具体的なもの，言語などのように習得されるものであるのに対して，witan に特有の目的語は，事柄または抽象的概念（従って節を含む）であった。

その後の発達を見ると，witan は次第に衰退して，現在では用いられないのに対して，cunnan では不定詞を伴う用法が増大して，結局は助動詞 can となって，現在でも用いられている。'to know' を意味する主な動詞の一つである witan が廃用になり，もう一つの cunnan が助動詞化したために，そのギャップを埋めるべく cnāwan (know) が発達したと考えられる。このような歴史的発達をたどることは確かに興味深いことではあるが，今述べたように，結果はすでにわかっているのである。そこでむしろ，認識動詞という概念をかなり広く解釈して，古英語における現象の方言的・時代的な差異を明らかにし，それと歴史的・文化的背景との関係を探ることを試みたいと思う。

福音書訳と注解

英語の歴史的研究の資料として，各時代の聖書訳は便利なものである。ここでは古英語の南西部のウェスト・サクソン方言を代表する『コーパス福音書』(*The Corpus Gospels*; 11 世紀。*WSCp* と略す)，北部のノーサンブリア方言の『リンディスファーン福音書』(*The Lindisfarne Gospels*; 10 世紀。*Li* と略す)，中部のマーシア方言の『ラッシュワース福音書』(*The Rushworth Gospels*; 10 世紀。この中の一部がマーシア方言で，

		WSCp		*Rul*		*Li*
noscere	witan	10 % (3)	cunnan	88 % (7)	cunna	41 % (12)
	cunnan	76 % (22)			wuta	55 % (16)
scire (nescire)	cunnan	12 % (21)	cunnan	15 % (4)	wuta	93 % (160)
	witan	85 % (147)	witan	85 % (29)		
cognoscere	witan	26 % (21)	ongetan	89 % (8)	ongeatta	84 % (66)
	oncnawan	26 % (21)				
	gecnawan	29 % (23)				
intelligere	ongytan	92 % (24)	ongetan	100 % (13)	ongeatta	19 % (5)
					oncnawa	73 % (19)

それを *Rushworth 1* と称し，*Rul* と略す) の3種を取り上げる。これらはいずれもラテン語からの翻訳であるが，『コーパス福音書』がふつうの意味での翻訳であるのに対して，『リンディスファーン福音書』と『ラッシュワース福音書』はラテン語本文の上に古英語注解を記した「行間注解」(interlinear gloss) であって，厳密な意味での翻訳ではない。ラテン語福音書における 'to know', 'to understand' の意味の動詞の訳語として用いられた古英語の分布を示したのが第1表である。

　第1表から頻度の少ないものを除き，方言の隣接を考慮して，*WSCp, Rul, Li* の順に並べて，パーセンテージに基づいて図示すると，前頁の図のようになる。

　この図から，まず，*WSCp* と *Rul* では大体 nōscere に cunnan, scīre（および否定形の nescīre）に witan が使われているが，*Li* では nōscere にも wuta (=witan) の方が cunna (=cunnan) より多く用いられていて，方言的差異があることがわかる。次に cōgnōscere と intelligere については，*Rul* では両者に ongetan (=ongietan) が用いられているのに対して，*Li* では cōgnōscere には ongeatta (=ongietan), intelligere には主に oncnāwa (=oncnāwan) が使われている。他方 *WSCp* では intelligere には *Rul* と同じく ongytan であるが，cōgnōscere には訳語が gecnāwan, oncnāwan, witan に分散している。このように cōgnōscere, intelligere の場合にも，方言的差異が見られるのである。

詩篇行間注解

　福音書における認識動詞の中で，方言的分布の点で特に注意を引くのは，cōgnōscere と intelligere の訳語であり，その中心的な位置を占めるのは，まず ongytan (ongetan, ongeatta) であり，次いで oncnāwan (oncnāwa)，さらに gecnāwan である。

　福音書訳に見られるような方言的分布が，実際に古英語における方言的差異であったかどうかを確認するためには，さらに

第2表

cognoscere

A (34)	B (34)	C (34)	D (34)
oncnawan 33 (97%)	oncnawan 32 (94%)	oncnawan 28 (82%)	oncnawan 31 (91%)
cunnan 1	cunnan 1	gecnawan 5 (15%)	gecnawan 2 (6%)
	ongeotan 1	cunnan 1	cunnan 1

E (34)	F (40)	G (38)	H (27)
oncnawan 33 (97%)	oncnawan 35 (87.5%)	oncnawan 32 (84%)	oncnawan 22 (81%)
cunnan 1	cnawan 2 (5%)	gecnawan 2 (5%)	gecnawan 2 (7%)
	cunnan 1	cnawan 1	cunnan 1
	ongytan 1	cunnan 1	ongytan 1
	tocnawan 1	ongytan 1	tocnawan 1
		tocnawan 1	

I (40)	J (40)	K (39)	L (4)
oncnawan 35 (87.5%)	oncnawan 35 (87.5%)	gecnawan 23 (59%)	oncnawan 4 (100%)
ongytan 3 (7.5%)	gecnawan 2 (5%)	oncnawan 13 (33%)	
cunnan 1	cunnan 1	cnawan 2 (5%)	
understandan 1	ongytan 1	cunnan 1	
	tocnawan 1		

II. 古英語の語彙

intelligere

A(26)	B(26)	C(26)	D(26)
ongeotan 26(100%)	ongeotan 26(100%)	ongytan 26(100%)	ongytan 26(100%)

E(26)	F(27)	G(25)	H(20)
ongeotan 25(96%)	ongytan 27(100%)	ongytan 25(100%)	ongytan 20(100%)
ændgyt hæfæd 1			

I(27)	J(27)	K(23)	L(5)
ongytan 15(56%)	ongitan 27(100%)	ongytan 19(83%)	ongetan 5(100%)
undergytan 6(22%)		understandan 4(17%)	
understandan 4(15%)			
oncnawan 1			
andgitel 1			

多くの資料を調査する必要がある。そのための貴重な文献に詩篇行間注解（Psalter gloss）がある。ここで取り上げる12種の略号と名称は次の通りである。写本年代を添えるが、方言は『ヴェスペイジアン詩篇』のみがマーシア方言で、その他はすべてウェスト・サクソン方言である。

A 『ヴェスペイジアン詩篇』（*The Vespasian Psalter*）（9世紀）
B 『ジューニアス詩篇』（*The Junius Psalter*）（10世紀前半）

C 『ケンブリッジ詩篇』(*The Cambridge Psalter*)（11世紀中頃）

D 『ロイヤル詩篇』(*The Royal Psalter*)（10世紀中頃）

E 『エアドウィネのカンタベリー詩篇』(*Eadwine's Canterbury Psalter*)（12世紀中頃）

F 『ストウ詩篇』(*The Stowe Psalter*)（11世紀中頃）

G 『ヴィテリアス詩篇』(*The Vitellius Psalter*)（11世紀中頃）

H 『タイビーリアス詩篇』(*The Tiberius Psalter*)（11世紀中頃）

I 『ランベス詩篇』(*The Lambeth Psalter*)（11世紀前半）

J 『アランデル詩篇』(*The Arundel Psalter*)（11世紀後半）

K 『ソールズベリー詩篇』(*The Salisbury Psalter*)（1100年頃）

L 『ボズワース詩篇』(*The Bosworth Psalter*)（11世紀初頭）

　これらの詩篇注解のラテン語本文は，A～E，Lが『ローマ詩篇』(Roman Psalter)，F～Kが『ガリア詩篇』(Gallican Psalter)で，僅かの相違がある。また注解（gloss）のない部分もあるので，各詩篇注解の総数は一致しない。第2表は詩篇注解における cōgnōscere と intelligere の訳語を示す。

　A～Lの注解は，IとKを除いて，A（『ヴェスペイジアン詩篇』; 9世紀; マーシア方言）を基礎とするA型と，D（『ロイヤル詩篇』; 10世紀中頃; ウェスト・サクソン方言）を基礎とするD型に分けられる。I（『ランベス詩篇』; 11世紀前半; ウェスト・サクソン方言）は独立的で，K（『ソールズベリー詩篇』1100年頃）はDに基づいているが，それより遅く，しば

第3表

		A	D	I	K
cognoscere		oncnawan 33(97%)	oncnawan 31(91%)	oncnawan 35(87.5%)	gecnawan 23(59%)
		cunnan 1	gecnawan 2(6%)	ongytan 3(7.5%)	oncnawan 13(33%)
			cunnan 1	cunnan 1	cnawan 2(5%)
				understandan 1	cunnan 1
intelligere		ongytan 26(100%)	ongytan 26(100%)	ongytan 15(56%)	ongytan 10(83%)
				undergytan 6(22%)	understandan 4(17%)
				understandan 4(15%)	
				oncnawan 1	
				andgitel 1	

しばDの語彙を改めている。第3表はA, D, I, Kを第2表から抜き出したものである。

この表によって10世紀中頃のウェスト・サクソン方言で書かれたDは, 9世紀のマーシア方言で書かれたAに似ていて, 1100年頃のウェスト・サクソン方言で書かれ, Dを改訂したKは, A, Dと異なっており, understandanが見られる点では11世紀前半のウェスト・サクソン方言で書かれたIと類似しているが, gecnāwanが多く, cnāwanが初めて現われる。D

とI，Kの相違は時代差と考えられるが，DとAの類似は何を物語るであろうか。

アングリア方言的性格の顕著なB，Cから，主としてサクソン方言のIに至るまで，程度の差はあれ，大抵の詩篇注解には，アングリア方言の特徴が見られる。ウェスト・サクソン方言で書かれたDも同様であり，DとAの類似は詩篇注解の伝統的訳語によって説明できるかもしれない。しかし同時に9世紀に優勢であったマーシア文学方言の初期ウェスト・サクソン方言への影響も考えられないだろうか。このことを明らかにするためには，さらに資料を拡大しなければならない。

行間注解と翻訳の概観

第4表はラテン語への行間注解または翻訳における cōgnōscere と intelligere の訳語を方言別・時代別に示したものである。(第4表以下の表で，たとえば，Mercian I の *Ps*(*A*)における oncnāwan 33/34（97％）は，cōgnōscere 34例中33例（すなわち97％）に対する訳語が oncnāwan であることを示す。第2以下については総数を省き，単に cunnan 1 のように記す。ローマ数字は写本の年代を表し，通例 X/XI，XI¹，XI med.，XI²のように4分の1世紀間隔で示される。)

第5表は後期ウェスト・サクソン方言の作品で，例が極めて少ない場合，または二つの動詞の一方が欠けている場合である。

第6表はノーサンブリア方言の二つの行間注解における訳語を示す。

以下第4表から順に見て行きたいと思う。

まずマーシア方言（Mercian）は cōgnōscere に oncnāwan を，intelligere に ongeotan を用いる Mercian I と，cōgnōscere, intelligere の両者に onge(o)tan (ongytan) を用いる Mercian II に分けられる。Mercian I に属するのは *Ps*(*A*)（『ヴェスペイジアン詩篇』*The Vespasian Psalter*）であり，Mercian II に

第4表

	Mercian I	Mercian II		
	Ps(*A*) IX	*Rul* X	*Bede* X^1	*GD*(*CO*) XI
cognoscere	oncnawan 33/34(97%)	ongetan 8/9(89%)	ongeotan 21/33(64%)	ongytan 16/20(80%)
	cunnan 1	groetan 1	cunnan 3 (9%)	oncnawan 3 (15%)
			geascian 3 (9%)	cunnan 1
			witan 3 (9%)	
			gecnawan 1	
			gefeormian 1	
			geleornian 1	
intelligere	ongeotan 26/26(100%)	ongetan 13/13(100%)	ongeotan 23/25(92%)	ongytan 1/1
			cunnan 1	
			oncnawan 1	

属するのは *Ru1*（『ラッシュワース福音書』*The Rushworth Gospels* のマーシア方言の部分），*Bede*（ビード『英国民教会史』Bede, *The Ecclesiastical History of the English People*) および *GD(CO)*（グレゴリウス『対話』Gregory, *Dialogues* の写本 C と O の第1巻と第2巻）である。

	EWS＝Merc. II	LWS I＝Merc. I	Late WS II	
	CP 890-7	*Ps(D)* X	*ÆCHom* X/XI	*GD(H)* XI[1]
cognoscere	ongietan 27/37(73％)	oncnawan 31/34(91％)	oncnawan 18/19(95％)	oncnawan 12/15(80％)
	witan 8　(22％)	gecnawan 2　(6％)	ongytan 1	ongytan 2 (13％)
	cyðan 1	cunnan 1		cunnan 1
	gehieran 1			
intelligere	ongietan 6/7　(86％)	ongytan 26/26(100％)	understandan 4/4　(100％)	undergitan 1/1
	tacnian 1			

	Late WS III		Late WS IV	
	Ps(*I*) XI[1]	*LibSc* XI med.	*WSCp* XI[1]-XII	*Ps*(*K*) XI/XII
cognoscere	oncnawan 35/40 (87.5 %)	oncnawan 20/20 (100 %)	gecnawan 23/80 (29 %)	gecnawan 23/39 (59 %)
cognoscere	ongytan 3 (7.5 %)		oncnawan 21 (26 %)	oncnawan 13 (33 %)
cognoscere	cunnan 1		witan 21 (26 %)	cnawan 2 (5 %)
cognoscere	understandan 1		cunnan 5 (6 %)	cunnan 1
cognoscere			ongytan 5 (6 %)	
cognoscere			undergytan 3 (4 %)	
cognoscere			gehyran 1	
cognoscere			gretan 1	
intelligere	ongytan 15/27 (56 %)	ongytan 7/15 (47 %)	ongytan 24/26 (92 %)	ongytan 19/23 (83 %)
intelligere	undergytan 6 (22 %)	understandan 6 (40 %)	understandan 1	understandan 4 (17 %)
intelligere	understandan 4 (15 %)	undergytan 2 (13 %)	behydan 1	
intelligere	oncnawan 1			
intelligere	andgitel 1			

第5表

	Late West Saxon			
	ÆGram XI in.	*ÆHept* XI[1]	*ÆIntSig* XI[1]	*BenR* XI[1]
cognoscere	oncnawan 1/1	oncnawan 2/2 (100%)	oncnawan 1/1	cunnan 1/2
cognoscere				gecyðan 1
intelligere	undergytan 1/1	undergytan 1/1	undergytan 2/2 (100%)	ongytan 2/5 (40%)
intelligere				understandan 2 (40%)
intelligere				andgyttol 1

	Late West Saxon			
	BenRGl XI med.	*RegCGl* XI med.	*Coll* XI med.	*ChrodR* XI (3rd qu.)
cognoscere	cunnan 1/2	oncnawan 1/1		ancnawan 1/3
cognoscere	cyðan 1			cunnan 1
cognoscere				witan 1
intelligere	understandan 6/6 (100%)		understandan 1/1	understandan 1/1

次に初期ウェスト・サクソン方言 (Early West Saxon, EWS) の *CP* (グレゴリウス『牧者の心得』Gregory, *Pastoral Care*) では cōgnōscere, intelligere の両者が ongietan で訳され

第6表

		Northumbrian		
		Li X^2		*RitGl* X^1, X^2, XI^1
cognoscere	ongeatta	66/79 (84%)	ongeatta	10/11 (91%)
	oncnawa	5 (6%)	cunna	1
	cunna	4 (5%)		
	wuta	2 (2.5%)		
	gecunna	1		
	gecyða	1		
intelligere	oncnawa	19/26 (73%)	ongeatta	2/2 (100%)
	ongeatta	5 (19%)		
	cunna	1		
	geatta	1		

ていて，Mercian II と同様である。

　後期ウェスト・サクソン方言（Late West Saxon, LWS）はほぼ時代順に四つの型に分けられる。I は 10 世紀の *Ps*(*D*)（『ロイヤル詩篇』*The Royal Psalter*）で，前節でも述べたように，*Ps*(*A*) すなわちマーシア方言の『ヴェスペイジアン詩篇』（第4表の Mercian II）に似ている。この類似は，先に述べたように，恐らく詩篇注解の伝統によるところが少なくないであろう。それに対して，同じくマーシア方言との類似といっても，初期ウェスト・サクソン方言の *CP* の場合は，まだ文学語として確立していなかったアルフレッド（Alfred, ウェセックス王, 在位 871–99）時代のウェスト・サクソン方言が，

マーシア文学方言の影響下にあったためではないかと考えられる。［この点については第6章第3節を参照。］

後期ウェスト・サクソン方言の II では，cōgnōscere に oncnāwan が用いられている点では I と同じであるが，intelligere に対しては，I と異なって，これまでになかった understandan, undergitan が用いられている。11世紀初期のアフルリッチ（Ælfric, 955頃-1020頃）の *ÆCHom*（『カトリック説教集』*Catholic Homilies*）における聖書からの引用文の訳と *GD(H)*（グレゴリウス『対話』Gregory, *Dialogues* のマーシア方言訳を後期ウェスト・サクソン方言に改訂したもの）がここに属する。第5表に挙げたアルフリッチの作品 *ÆGram*（『文法』*Grammar*），*ÆHept*（『(旧約聖書の最初の)七書』*The Heptateuch*），*ÆIntSig*（『「創世紀」に関するシイェウルフの質問』*Interrogationes Sigewulfi in Genesin*）はすべて cōgnōscere には oncnāwan, intelligere には undergytan で，II と同じである。

後期ウェスト・サクソン方言の III では，cōgnōscere には oncnāwan が用いられ，intelligere には ongytan が多いが，understandan, undergytan も用いられている。ここに属するのは11世紀前半の *Ps(I)*（『ランベス詩篇』*The Lambeth Psalter*）と11世紀中頃の *LibSc*（デーフェンソル『火花の書』Defensor, *Liber Scintillarum*）である。

後期ウェスト・サクソン方言の IV では，cōgnōscere に gecnāwan が多く用いられ，oncnāwan がそれに次いでおり，cnāwan も現われる。intelligere に対しては，III の場合よりも ongytan が多いが，understandan も用いられている。ここに属するのは *WSCp*（『コーパス福音書』*The Corpus Gospels*）と *Ps(K)*（『ソールズベリー詩篇』*The Salisbury Psalter*）であ

る。

　以上のことから，後期ウェスト・サクソン方言のII〜IVすなわち大体11世紀以後には，それ以前のウェスト・サクソン方言にもマーシア方言にも見られない understandan と undergytan がほとんど intelligere の訳語として現われることと，後期ウェスト・サクソン方言のIVすなわち11世紀から12世紀になると，cōgnōscere の訳語としてそれまで最も多かった oncnāwan より gecnāwan の方が多くなり，さらに cnāwan も現われることが明らかになった。understandan と undergytan については第5表でも同様である。(第5表に挙げた作品は，すでに触れた *ÆGram*, *ÆHept*, *ÆIntSig* を除けば，*BenR* (アゼルウォルド (Æthelwold) 訳『ベネディクト会会則』*The Benedictine Rule*), *BenRGl* (『ベネディクト会会則注解』*The Benedictine Rule Gloss*), *RegCGl* (『統一修道規定注解』*The Regularis Concordia Gloss*), *Coll* (アルフリッチ『対話』Ælfric, *Colloquy* への注解) および *ChrodR* (クローデガング『聖職者掟則』Chrodegang, *Regula Canonicorum*) である。)

　最後に第6表のノーサンブリア方言では，*Li* (『リンディスファーン福音書』*The Lindisfarne Gospels*) と *RitGl* (『ダラム儀式書注解』*The Rituale Ecclesiae Dunelmensis* (*The Durham Ritual*) *Gloss*) を取り上げた。*Li*, *RitGl* 共に cōgnōscere には ongeatta が多いが，intelligere には *Li* では oncnāwa が多く，*RitGl* では ongeatta のみが用いられている。

　以上の概観から，方言および時代に関して，次のような語彙の相違ないし交替が結論される。すなわち，後期ウェスト・サクソン方言における状態を，それ以前の時代および他の方言と比較すれば，分布の相違はあるにしても，oncnāwan と ongietan が cōgnōscere と intelligere の主要な訳語であったところに,cōgnōscere に対しては gecnāwan(時に cnāwan)が進出して oncnāwan を凌ぐに至り,intelligere に対しては understandan(および undergytan)が進出して来た。このことは単に訳語の交替に留まらず,語彙史的に見れば,oncnāwan, ongietan という現代英語では用いられない古い語に (ge)cnāwan (>know), understandan (>understand) という現代英語でも用いられている新しい語が取って代わるということを示している。(undergytan については後に述べる。) このことを一層大きなコンテクストの中で考察しようと思う。

アルフリッチとウルフスタン

これまで述べたことによって,cōgnōscere に対しては ongietan, oncnāwan, gecnāwan が,intelligere に対しては ongietan, understandan, undergytan が主な訳語として用いられ,それらが,方言・時代によって様々な型として現われていることがわかった。これはラテン語に対する行間注解とラテン語からの翻訳作品に限って調査した結果である。しかしあるラテン語にある訳語が選ばれる,あるいは,ある訳語に別の訳語が取って代わるということの背景には,訳語として用いられた語の翻訳以外の場所での用法があるはずである。ウェスト・サクソン方言について言えば,初期の『牧者の心得』(*CP*) では,cōgnōscere にも intelligere にも ongietan が用いられたのに対して,後期のアフルリッチでは,ongietan がほとんど消えて,cōgnōscere には oncnāwan, intelligere には understandan または undergytan が用いられ,ほぼ完全な交替が行なわれている

が，その背景には，翻訳以外の場合でも，初期には ongietan が多く用いられ，後期にはそれが少なくなって understandan が多くなるという傾向があっただろうと推測される。また後期ウェスト・サクソン方言においても，ongytan と understandan, oncnāwan と gecnāwan の間には，翻訳以外の場合でも，競合があっただろうと考えられる。

そこで初期ウェスト・サクソン方言を代表する『牧者の心得』（*CP*）と後期ウェスト・サクソン方言を代表するアフルリッチ（Ælfric）とウルフスタン（Wulfstan, 1023 年歿）の作品における「知る」，「理解する」の意味を表す主な動詞の分布を比較しようと思う。第7表はそれらの動詞の頻度と比率を示したものである。*ÆCHom* はアルフリッチの『カトリック説

第7

	CP	*ÆCHom*	*ÆLS*
cnawan	0	0	0
gecnawan	9(2 %)	11	1
oncnawan	7(2 %)	114	33
tocnawan	4(1 %)	36	17
cunnan	51(12 %)	117	70
ongytan	216(53 %)	9	6
undergytan	0	27	11
understandan	1(0.2 %)	86	11
witan	129(30 %)	170	128
gewitan	0	4	0
合　　計	417	574	277

教集』(*Catholic Homilies*), *ÆLS* は同じく『聖人伝』(*Lives of Saints*), *ÆHom* は J. C. ポウプ (Pope) 編のアルフリッチの『説教集』(*Homilies of Ælfric*), *non-ÆLS* は『聖人伝』の中でアルフリッチの真作でないもの, *WHom*(N) は A. S. ネイピア (Napier) 編のウルフスタンの『説教集』(*Homilies*) の略である。

この表によれば, cunnan と witan は, *CP*, Ælfric, *non-ÆLS*, *WHom*(N) を通じて極めて多い。ところが *CP* では ongietan が著しく多くて, その他の動詞の合計 201 を上回って, 216 回現われる。この作品で ongietan は cōgnōscere の訳語として 27 回, intelligere の訳語として 6 回用いられている。216 回からこれら 33 回を除く残りの 183 回は, これら以外のラテ

表

ÆCHom	Ælfric 合計	non-ÆLS	WHom(N)
0	0	1(0.7 %)	0
0	12(1 %)	21(16 %)	21(6 %)
23	170(16.5 %)	14(11 %)	7(2 %)
18	71(7 %)	0	2(1 %)
35	222(22 %)	18(14%)	110(33 %)
0	15(1.5 %)	17(13 %)	16(5 %)
3	41(4 %)	1(0.7 %)	0
15	112(11 %)	1(0.7 %)	62(19 %)
76	374(36.5 %)	58(44 %)	109(33 %)
1	5(0.5 %)	0	0
171	1022	131	327

第 8 表

	CP	Ælfric	Wulfstan	*non-ÆLS*
gecnawan	9	12	15	21
oncnawan	7	170	1	14
tocnawan	4	71	1	0
ongytan	216	15	8	17
undergytan	0	41	0	1
unedrstandan	1	112	36	1

ン語の訳語としてか,自由訳で対応するラテン語のない場合に用いられている。しかも後者の場合が多いということは,この語がアルフレッドの時代に好んで用いられていたことの証拠であろう。*CP* に著しく多い ongietan は Ælfric 以下では非常に少ない。これに対して,*CP* で 1 回しか現われない understandan は Ælfric と *WHom*(N) では多い。ongietan と understandan の場合は,初期ウェスト・サクソン方言と後期ウェスト・サクソン方言の間の差異と考えられる。

しかし同じ後期ウェスト・サクソン方言のアルフリッチとウルフスタンの間にも相違がある。第 7 表でネイピア編のウルフスタンの『説教集』を用いたのは,その版に基づいた L. H. ドッド(Dodd)のグロッサリーが利用できたからであるが,アルフリッチと比較する場合には,ウルフスタンの真作でないものを除いた D. ベシューラム(Bethurum)編のものの方がよい。これから問題にする語の頻度を,*CP*,アルフリッチ,ウルフスタン(ベシューラム編),*non-ÆLS* について挙げたのが第 8 表である。

この表で見ると,アルフリッチは oncnāwan を多く,それに

次いで tōcnāwan を用いたが，gecnāwan は僅かしか用いなかったのに対して，ウルフスタンは gecnāwan を用いて，oncnāwan と tōcnāwan はほとんど用いなかった。*non-ÆLS* には oncnāwan はかなり見られるが，tōcnāwan はなく，gecnāwan が多いという点ではウルフスタンに似ている。

ここで第4表に示した後期ウェスト・サクソン方言における cōgnōscere の主な訳語である oncnāwan と gecnāwan について見ると，ほとんど oncnāwan のみを用いるアルフリッチ（後期ウェスト・サクソン方言 II）には，今述べたように，翻訳作品以外においても，oncnāwan を多く用いて gecnāwan を僅かしか用いないという背景がある。そして gecnāwan と oncnāwan を共に用いる型（後期ウェスト・サクソン方言 IV）の背景には，*non-ÆLS* のような2語の比率がある。また，これは上で扱った注解や翻訳作品には見られないが，ほとんど gecnāwan のみを用いる型として，ウルフスタンの型を加えることができる。

次に ongytan, undergytan, understandan についても相違が見られる。ongytan の比率がアルフリッチではウルフスタンより低いが，*non-ÆLS* では他の2語はほとんど用いられていない。understandan はアルフリッチ，ウルフスタン共に用いるが，undergytan はアルフリッチのみに見られる。ここで第4表を振り返って見ると，intelligere の訳語として understandan または undergytan を用いるアルフリッチ型（後期ウェスト・サクソン方言 II）の背景には，翻訳以外でのアルフリッチの用法があり，ほとんど ongytan のみを用いる型（後期ウェスト・サクソン方言 IV）の背景には *non-ÆLS* のような分布があり，ongytan と undergytan の両者を用いる型（後期ウェス

ト・サクソン方言 III) の背景にはまたこれらとは異なる用法があったと考えられる。

アルフレッドの時代のウェスト・サクソン方言では非常によく用いられていた ongietan が，1世紀余り後のアルフリッチやウルフスタンでは少なくなって，understandan と undergytan が多くなったことは，語彙の交替と考えてよいであろう。しかしアングリア方言，すなわちマーシア方言とノーサンブリア方言ではずっと ongietan が用いられていて，ウェスト・サクソン方言におけるような交替はなかった。そこで understandan と undergytan は後期ウェスト・サクソン方言特有の語であったと言うことができそうである。しかしこれら2語は，まれであるが，初期ウェスト・サクソン方言にも現われるので，詳しく検討する必要がある。

understandan と undergytan

understandan にはラテン語 subsistere 'to withstand' への注解（gloss）の例や，'to stand under' の意味を表す場合もあるが，ここでは 'to understand' の意味の場合に限ることにする。この意味の understandan はウェスト・サクソン方言以外には見られず，それもほとんどが後期のものである。初期のものは，すでに前節で見た『牧者の心得』(*CP*) の1例のほかに，『ボエチウス』（ボエチウス『哲学の慰め』(Boethius, *De Consolatione Philosophiae*) の訳) に5例，『独白』（アウグスチヌス (Augustinus) *Soliloquia* の訳) に3例，『パリ詩篇』(*The Paris Psalter*) に1例で，合計10例ある。これらはすべてアルフレッドによると考えられているものであるが，注意すべき

ことは，『牧者の心得』の例は翻訳の部分でなくアルフレッドの序文に見出され，その他の9例はすべてラテン語原典に対応箇所のない自由訳の部分に見られるということである。言い換えるならば，アルフレッドの時代には understandan はラテン語からの翻訳には用いられなかったのである。それは恐らく，understandan は当時の口語には存在したが，文学語としては確立していなかったためであろう。そして当時のウェスト・サクソンの文学語はまだマーシア文学方言の影響下にあったと考えられる。たとえば10世紀中頃のウェスト・サクソン方言による『ロイヤル詩篇』にはマーシア方言による『ヴェスペイジアン詩篇』の影響があると言われているが，understandan は1回も使われず，intelligere の訳語は ongytan のみである。それに対して，11世紀前半の『ランベス詩篇』と1100年頃の『ソールズベリー詩篇』では intelligere の訳としてそれぞれ4箇所に understandan が用いられている。

次に undergytan は初期ウェスト・サクソン方言の『オロシウス』（オロシウス『異教徒を駁する歴史7巻』Orosius, *Historiarum adversum Paganos Libri VII* の訳）の1例を除いて後期ウェスト・サクソン方言のみに見られる。この『オロシウス』の例はラテン語原典に対応語がなく，自由訳の部分に用いられている。そこで understandan の場合と同様に，アルフレッドの時代には存在していたがまだ文学語では確立していなかったと考えられる。

古英語のマイクロフィッシュ・コンコーダンスによれば，understandan の総数は379であるのに対して，undergytan のそれは128で，understandan の約3分の1である。しかし注意すべきことは，頻度の差だけでなく，2語の分布に相違があ

ることである。understandan の場合はアルフリッチの例が 148 で総数の 39％を占めているが、それと並んでウルフスタンの例も 64 で約 17％である。ところが undergytan の場合は、アルフリッチが 51 例で、understandan の場合と同じく 39％であるのに対して、ウルフスタンは 1 例に過ぎない。この 1 例も恐らくウルフスタン自身のものではなく、アルフリッチが書いたものらしいので、ウルフスタンは undergytan を 1 回も使わなかったと言ってもよいのである。

次に第 2 表で概観した詩篇注解を見ると、understandan は I および K に見られるが、undergytan は I、すなわち『ランベス詩篇』のみに見出される。また第 4 表と第 5 表の中で、undergytan はアルフリッチと『ランベス詩篇』を除くと、僅かしか見られない。アルフリッチの著作と『ランベス詩篇』は、『賛歌解説』(*Expositio Hymnorum*) の注解、『クローデガングの掟則』(*The Rule of Chrodegang*) の訳と共に、H. グノイス (Gneuss) がその論文「標準古英語の起源とウィンチェスターにおけるアゼルウォルドの学校」("The Origin of Standard Old English and Æthelwold's School at Winchester," *Anglo-Saxon England*, 1 (1972), 63-83) で「ウィンチェスター・グループ」(the Winchester group) と呼ぶ一群の作品で、そこには語彙の統一 (standardization) への動きが見られる。その元となったのは、10 世紀のイングランドにおけるベネディクト修道会改革運動の中心人物の 1 人で、みずから『ベネディクト会会則』を訳したウィンチェスターの司教アゼルウォルド (Æthelwold, 908-84 頃) のウィンチェスター修道院学校であり、アルフリッチはアゼルウォルドの弟子としてそこで学んだのである。E. ゼーボルト (Seebold) は「ウィンチェスタ

ー・グループ」を含めて，もっと広範囲の作品群を「ベネディクト派グループ」(die Benediktiner-Gruppe) と呼んだ。undergytan の用いられている作品はこの「ウィンチェスター・グループ」ないし「ベネディクト派グループ」に属しているものが多い。

上に述べたように，ウルフスタンは undergytan を用いていない。K. ヨースト（Jost）によれば，ウルフスタンは，たとえば「産む」には geberan を使って cennan, ācennan を使わず，「認識する」には gecnāwan を使って oncnāwan, tōcnāwan を使わず，「与える」には gifan を使って forgifan を使わず，後者は「(罪を) 許す」の意味に使う。また「法律」には ǣ でなく lagu を，「名付ける」には hātan でなく namian を，「幸福な」には ēadig でなく gesǣlig を使う。ここでウルフスタンが避けた語が大体においてアルフリッチに見られる。またウルフスタンは「殉教者」を表す「ウィンチェスター・グループ」特有の cȳðere を避けて martyr (=martyr) を用い，「教会」を表す gelaðung を避けて cyrice (=church) を使う。こうして見ると，ウルフスタンの選んだ語の方がアルフリッチや「ウィンチェスター・グループ」特有の語よりも一般的で，また今日まで伝わっているものが多い。undergytan にしても understandan より頻度も低く，使用範囲も限られていて，*OED* によれば a1330 を最後として廃用になっている。

このように undergytan は「ウィンチェスター・グループ」によく用いられたという意味で「ウィンチェスター語彙」(the Winchester vocabulary) の一つとして考えてもよいと思われる。そしてこの「ウィンチェスター語彙」というものが，上述のように，かなり人為的・局地的であることを考えるならば，undergytan の使用範囲が限られ、今日まで残らなかったことも不思議ではない。

あとがき

以上、古英語の認識動詞について述べて来たが、一群の動詞の分布に方言的・時代的差異のみならず、個人間、あるいはグループ間の差異もあったことがわかった。ここで扱った問題は、話し言葉ではなく書き言葉、それもラテン語の翻訳や注解に深くかかわる文学語の問題であって、意図的な選択を受けることが多い。たとえば初期ウェスト・サクソン方言における ongietan はマーシア文学方言とかかわりがあるかもしれない。またアルフリッチは gecnāwan や ongytan を避けたと思われ、逆にウルフスタンは oncnāwan, tōcnāwan や undergytan を避けている。そしてアルフリッチの選択は「ウィンチェスター・グループ」の選択でもあった。ここで付け加えるならば、アルフリッチ自身が「ウィンチェスター語彙」から離れて一般的な語を選ぶようになったこともあり、それはまたウルフスタンに近づくことでもあった。さらに、ウルフスタンと一時代前のアルフレッド時代と語彙の共通する場合もある。概括的に言うならば、アルフレッド時代のウェスト・サクソン方言とマーシア方言との関係が深く、アルフレッド時代と後期ウェスト・サクソン方言との相違は少なくない。それは後期にウェスト・サクソン方言が文学語として確立したからであろう。ongietan から understandan への交替は、マーシア方言と共通の伝統的な ongietan が捨てられて、アルフレッド時代以来口語には存在していた understandan が文学語として確立したことを物語ってい

ると考えてよいであろう。そして undergytan はアルフリッチおよび「ウィンチェスター・グループ」の語彙の性格の再検討を促しているようである。このように認識動詞の一部だけを取り上げても，語彙史一般にかかわる問題に逢着し，さらに研究を進める必要を痛感させられるのである。

参考文献

1. Gneuss, H.,"The Origin of Standard Old English and Æthelwold's School at Winchester," *Anglo-Saxon England*, 1 (1972), 63-83. アゼルウォルドのウィンチェスター修道院学校が標準古英語の成立に果たした役割を論じた重要な論文。

2. Godden, M. R.,"Ælfric's Changing Vocabulary," *English Studies*, 61 (1980), 206-23. 個人言語における語彙の時間的変化の証拠を提出して，語彙による方言・時代の決定を批判する。

3. Jost, K., *Wulfstanstudien*, Schweizer Anglistische Arbeiten, 23. Bern: Francke, 1950. pp. 155-57 にウルフスタンの語彙の特徴がまとめられている。同じ著者が編さんした *Die 《Institutes of Polity, Civil and Ecclesiastical》: ein Werk Erzbischof Wulfstans von York*, Schweizer Anglistische Arbeiten, 47. Bern: Francke, 1959 の序論も参考になる。

4. 小野　茂「最近の OE 語彙研究」『英文学研究』第59巻第2号（1982），291-300.「海外新潮」欄に載せた紹介で，詳しい参考文献が付いている［本書第4章に再録］。

5. 小野　茂『英語史の諸問題』南雲堂，1984. 本稿は同書第II部「古英語の語彙」に収められた諸論文に基づいている。本稿では煩瑣を避けて，文献指示や考証をほとんどすべて省いたので，それ

らについては同書を御覧頂きたい。

6. Schabram, H., *Superbia. Studien zum altenglischen Wortschatz. Teil I. Die dialektale und zeitliche Verbreitung des Wortguts*. München: Fink, 1965. ラテン語 superbia に対応する語を古英語の利用し得る限りの文献で調査して、方言的・時代的分布を明らかにすると同時に、文献の方言・年代を決定しようとした画期的な研究。Schabram にはこのほかにも重要な論文が多い。

7. Seebold, E.,"Die ae. Entsprechungen von lat. *Sapiens* und *Prudens*. Eine Untersuchung über die mundartliche Gliederung der ae. Literatur," *Anglia*, 92 (1974), 291-333. Schabram の方法によって、ラテン語 sapiens と prudens に対応する古英語を調査して、文献の方言を決定しようとしたもの。

8. Stanley, E. G. (ed.), *Continuations and Beginnings: Studies in Old English Literature*. London and Edinburgh: Nelson, 1966. D. Whitelock,"The Prose of Alfred's Reign," P. Clemoes,"Ælfric," D. Bethurum,"Wulfstan" を含む。Ælfric とその時代の概観を得るには J. Hurt, *Ælfric*, Twayne's English Authors Series, 131. N. Y.: Twayne, 1972 の第1章が便利である。古英語時代の歴史の概説を一つだけ挙げれば D. Whitelock, *The Beginnings of English Society,* The Pelican History of England, 2. Harmondsworth: Penguin Books, 1954^{2}がよい。

9. Vleeskruyer, R. (ed.), *The Life of St. Chad: An Old English Homily*. Amsterdam: North-Holland, 1953. 序論でマーシア文学方言とウェスト・サクソン方言の関係を論じている。

10. Wrenn, C. L., "'Standard' Old English," *Transactions of the Philological Society*, 1933, 65-88; rpt. in *Word and Symbol: Studies in English Language*. London: Longmans, 1967, pp. 57-77. アルフレッド時代でなく後期ウェスト・サクソン方言が「標準」古英語であ

ることを最初に主張した論文。この考えは今日では一般に受け入れられている。

　最後に，現在では古英語語彙研究には R. L. Venezky and A. diPaolo Healey (comp.), *A Microfiche Concordance to Old English* (Univ. of Toronto, 1980) と R. L. Venezky and S. Butler (comp.), *A Microfiche Concordance to Old English: The High Frequency Words* (Univ. of Toronto, 1985) が不可欠であることと，A. Cameron, A. Kingsmill and A. C. Amos, *Old English Word Studies: A Preliminary Author and Word Index* (Toronto: Univ. of Toronto Press, 1983) が研究文献の検索に便利なことを付け加えておく。

6. Standard Old English をめぐって

まえがき

John Hurt Fisher は，15 世紀における Standard Written English の発生に関して，Chancery（大法官庁）の役割を重視している。[1] Fisher に献呈された Tennessee 大学教授退官記念論文集 *Standardizing English: Essays in the History of Language Change* に寄せた論文[2]の冒頭で，Mary P. Richards は，古英語の時代には Chancery に相当するものはなく，Standard Old English について意見の一致はみられないが，最近では，研究が語彙選択の方に向かっていて，10 世紀後半の Winchester における Æthelwold の学校と密接な関係のある文学作品や翻訳に，標準化の傾向がみられると述べている。本稿でも，このような方向で，Standard Old English の問題を考え，語彙選択に関する最近の研究に，私自身の研究を加えて，問題点を指摘したいと思う。

1

16 世紀に古英語の研究が始まってから 19 世紀の半ば頃までは，Standard Old English は 10 世紀後半から 11 世紀前半にか

けての Late West Saxon と考えられていた。その頃の法律，聖書訳，宗教的作品，特に Ælfric の著作などが重んじられたからである。辞書や文法書もそれにならっていた。ところが Henry Sweet 以来，9世紀後半，すなわち Alfred 時代の Early West Saxon が標準的とみなされるようになった。Sweet は Gregory の *Pastoral Care* の写本の中で Alfred と同時代のものを編纂して，その言語が純粋な West Saxon であると考えた。[3] Sweet は，古英語の入門書 *An Anglo-Saxon Primer* (1882) においても，綴字を Early West Saxon の形に統一した。[4]

これに対して C. L. Wrenn は，10世紀後半から11世紀前半にかけて，West Saxon の *Schriftsprache* (literary language) が一般に用いられていたが，Alfred の時代には West Saxon literary dialect が広く行なわれていたという証拠はないと言って，Late West Saxon が 'Standard' Old English であると主張した。[5] さらに Wrenn は Sweet が学習者のために行なった normalization も，首尾一貫したものではなかったと言っている。[6] Wrenn は Randolph Quirk と共著の *Old English Grammar* (1955) でも，Late West Saxon の Ælfric の literary language を基礎にした。[7]

Sweet の *An Anglo-Saxon Primer* を改訂した Norman Davis は，Early West Saxon に基づいて normalize するという Sweet の方式を踏襲した。[8] Sweet の *Primer* に続いて最近広く行なわれている Bruce Mitchell and Fred C. Robinson, *A Guide to Old English* では，初学者のための normalizing について，Sweet–Davis と Quirk and Wrenn の二つの方式を示した上で，結局は，Early West Saxon を基礎にしている。[9]

2

　以上 Standard Old English がいかに考えられて来たかを，normalization の問題を含めて略述したが，ここで最近の研究成果を簡単にまとめてみたいと思う。

　Helmut Gneuss は，Standard Old English の起源を扱った論文で，次のように言っている。[10] 11 世紀に West Saxon から発達した 'standard literary language' がイングランド全体に広まった。その言語統一の道を拓いたのは，'Benedictine reform' である。Winchester の学校で，ラテン語に対する訳語の統一が試みられ，それが新しい 'standard' の普及への出発点になった。Winchester における Æthelwold とその一派は，イングランド最初の 'English philologists' だったと言うことができる。Gneuss のこのような主張は，例えば Peter Clemoes によっても支持されている。[11] Æthelwold の弟子であり，Late West Saxon の代表的な散文作家である Ælfric の言語は著しい統一性を示している。Hans Schabram の研究によれば，ラテン語 superbia に対して，Ælfric はほとんど例外なく，modig とその派生語を用いている。[12] Elmar Seebold によれば，ラテン語の prudens と prudentia に対して，Ælfric は常に，snotor と snotorness を用いている。[13] Schabram や Seebold は，語彙の方言的・時代的分布を明らかにしようとしていて，Standard Old English とは何かということを，問題にしているわけではない。しかしその結果，Ælfric の訳語は非常に統一的であることがわかったのである。

　Gneuss は，10 世紀末または 11 世紀前半に作られ，Winchester と関係のある一群の作品を 'Winchester group' と呼んだ。このグループに属するのは，Ælfric の著作，*The Lambeth Psalter, Expositio Hymnorum* 注解および Chrodegang による the Rule for Canons の古英語訳である。[14] 'Winchester group' にはきわめて統一的な語彙選択がみられる。Gneuss は 'Winchester group' に特有の語彙を 'Winchester words' と呼ぶ。その中には，他の作品における fremde 'foreign' に対する ælfremed, cirice 'church' に対する gelaðung, ofermod 'proud' に対する modig などがある。[15]

次の表は，Seebold が調査した prudens の訳語と，Schabram が挙げている superbus の訳語を比較して示したものである（南部方言に限る）。[16]

	'prudens'	*'superbus'*
Alfred-circle	*wær*(*scipe*)	*ofermod*/-*mettu*
Wulfstan	*wær*(*scipe*)	*ofermod*/-*mettu, ofermodigness*
Biblical translations		
Earlier	*gleaw*(*ness*)	*ofermod*(*ness*)
Later	*gleaw*(*ness*),	*ofermod*(*ness*),
	snoter(*ness*)	*ofermodig*(*ness*)
Orosius	(*snyttru*)	*ofermodig*/-*mettu*
Benedictine group	*snotor*(*ness*)	*modig*(*ness*)

この表によれば，古英語南部方言の作品は，1. Alfred and Wulfstan, 2. Biblical translations, 3. *Orosius*, 4. 'Benedictine group' の四つのグループに分けられる。そして 'Benedictine group' は，Gneuss の 'Winchester group' と一致する所が多い。しかし Gneuss と Seebold は，これらのグループ独特の語彙選択を認めながら，その説明の仕方は異なっている。最近 'Winchester word' についての詳しい研究[17]を発表した Walter Hofstetter の説明を借りれば，Gneuss は 'Winchester group' は主として 'stylistic considerations' によって 'standardization' を目指していると考えるのに対して，Seebold は，'Benedictine group' と他の三つのグループとの間には 'subdialect' の相違があるとして，南部方言の特定の 'subdialect' が広範囲に用いられて，'written standard' の地位に高められたと考える。[18]Hofstetter は，Gneuss の 'Winchester group' と Seebold の 'Benedictine group' が同じ用法を示すことの 'further evidence' を，同義語 ongietan, undergietan, understandan の分布についての拙論が与えていると言っている。[19]拙論を要約すれば，次のようになる。ongietan は Anglian と Early West Saxon でよく用いられた。undergietan はほとんど Late West Saxon のみに現われ，特に 'Winchester group' と 'Benedictine group' で好まれた。古英語における全用例のうち 68％ がこららのグループに集中している。それに対して Wulfstan はこの語を使っていない。また Gregory's *Dialogues* の写本 C, O (Mercian) における ongietan が，改訂版である写本 H（これを Gneuss は 'Winchester group' と関係があると言う）の2箇所で undergietan に改められている。understandan は，主として Late West Saxon に現われる。これら3語の分布を示すのが次の表である。[20]

	CP	Ælfric	Wulfstan	*non-ÆLS*
ongietan	216	15	8	17
undergietan	0	41	0	1
understandan	1	112	36	1

(*CP* は *Cura Pastoralis* (=*Pastoral Care*)；*non-ÆLS*

は Ælfric's *Lives of Saints* の中で Ælfric の真作でないもの)

この表を見ると，Early West Saxon の *Pastoral Care* (*CP*) では，もっぱら ongietan が使われているのに対して，Late West Saxon の Ælfric, Wulfstan, *non-ÆLS* では，ongietan が少なく，その代わりに understandan が多いことがわかる。understandan は *Pastoral Care* に1例あるが，これは翻訳の部分ではなく，Alfred の序文に用いられているので，Early West Saxon の literary language にはまだ定着していなかった，少なくともラテン語からの翻訳には用いられていなかったと考えられる。[21] 次に，すでに言及したように，同じ Late West Saxon でも，Ælfric は undergietan を用いるが，Wulfstan は用いていない。

Pastoral Care に多い ongietan は，*The Rushworth Gospels, Bede*, Gregory's *Dialogues* (MSS CO) など Mercian の作品にも多く用いられている。このように Mercian と Early West Saxon の類似，Early West Saxon と Late West Saxon の相違という，語彙の方言的・時代的分布が，はっきりとみられる。Mercian と Early West Saxon の類似については，Early West Saxon が Mercian literary dialect の影響下にあったからだという考え方もあるが，後に触れるように，これには疑問もあり，未解決の問題が残っている。[22]

3

以上述べたように，10世紀末から11世紀前半にかけて，Winchester を中心として Late West Saxon が統一の方向に向か

い，それがイングランド全体に及ぶようになった。このようなことは，Alfred 時代の Early West Saxon にはなかったことで，Standard Old English というのは，当然 Late West Saxon ということになる。これと初学者のための normalization とは別問題である。

ところが今後解決されるべき幾つかの問題が残っている。一つは Mercian と Early West Saxon の関係である。比較的最近出版された著書 *King Alfred* (1986) で，Allen J. Frantzen は，Gneuss の説に基づいて，古英語の literary language は，Alfred の時代には存在せず，ようやく 10 世紀に現われたと言う。[23]次に Mercian と Early West Saxon の関係については，Alfred にとって 'Mercian literary tradition' の存在が重要であったとしながらも，Rudolph Vleeskruyer の提案した Mercian の作品のリストは 'too extensive' で，その代案は未だにないと言っている。[24]

その後 Janet M. Bately は，Alfred 以前の Mercian literary tradition に対して否定的な議論を展開した。[25]Gregory's *Dialogues* と *Martyrology* 以外には，9 世紀後半（つまり Alfred 時代）以前のものとする十分な理由がないというのである。[26]さらに，Alfred 時代の West Saxon には，十分に発達した散文の伝統があって，Mercian の散文があったとしても，それから学ぶ必要はなかったと，Bately は主張する。[27]Alfred が *Pastoral Care* の序文（あるいは書簡）の中で述べている，Wessex における学問の衰退が事実であるか否かについては，問題があるにしても，[28]Early West Saxon が Mercian に負う所が大きかったとは言えないであろう。

次に Late West Saxon の中で 'Winchester group' が standardization に貢献したことは疑いないとしても，同時代の Wulfstan がそれから外れていて，しかも Alfred と共通する点があるということが問題になる。Ælfric の著作を含む 'Winchester group' は 'new style' であって，Wulfstan の方は 'traditional' であると考えるか，或いは，Seebold のように 'subdialect' の相違とみるかは，今後の課題である。

Standard Old English というような大きな問題をめぐっては，事実が何であったかということばかりでなく，事実を如何に解釈するかということも重要になり，それによって結論が左右される。しかし現段階では，さらに事実を一つ一つ積み重ねて行くことが必要である。

あとがき

以上は1990年6月20日（水），昭和女子大学英米文学研究会における口頭発表の要旨であるが，その後，古英語の所有動詞の研究から明らかになった事実で，本論に関係のあるものを簡単に記しておきたい。[29]

ラテン語 possidere の訳語として，Northumbrian では agnian, Mercian では gesittan, West Saxon では agan が主として用いられていたが，Late West Saxon の *The Lambeth Psalter* では geagnian が最も多く使われている。これらの中で，agan は一般的であり，gesittan は所有のみを表わす語ではないので，それらを除いて，agnian と geagnian の分布を調査した。Hofstetter は，'Winchester vocabulary' の顕著な作品を Group I，その他の作品を Group II としているが，[30] agnian と geagnian およびそれらの派生語の分布をみると，agnian は 50

例中 11 例 (22%) が Group I に現われるのに対して, geagnian は 91 例中 59 例 (64.8%) が Group I に現われる。つまり geagnian は 'Winchester group' を含む Group I に多く用いられている。

次に Ælfric (Group I) と Wulfstan (Group II) を比べると,

	agan	*agnian*	*geagnian*
Ælfric	38	1	24
Wulfstan	62	0	0

となって, Wulfstan は geagnian を全く用いていない。ここでも, 両者の語彙の相違は明らかである。

最後に, Alfred 時代の三つの作品 *Pastoral Care* (*CP*), *Boethius* (*Bo*), *Orosius* (*Or*) における 2 語の分布を, Schabram による superbia の訳語の分布と比較して示すと, 次のようになる。[31]

	CP	*Bo*	*Or*
ofermod:	15	5	0
ofermodlic:	1	1	0
ofermodig:	0	0	4
agnian:	2	1	0
geagnian:	0	0	3

ここでも *Orosius* の語彙は他の Alfred 時代の作品と異なっている。さらに *Orosius* には 'Winchester group' を含む Group I に多い geagnian がみられることは注目に値する。[32]

注

1. John H, Fisher,"Chancery and the Emergence of Standard Written English," *Speculum* 52 (1977), 870-99.

2. Mary P. Richards,"Elements of a Written Standard in the Old English Laws," *Standardizing English: Essays in the History of Language Change in Honor of John Hurt Fisher*, ed. Joseph B. Trahern (University of Tennessee Press, 1990), pp. 1-22, at 1-2:"For Anglo-Saxonists, the search for Standard Old English continues apace. There is no identifiable body such as Chancery to study, nor is there necessarily agreement about what constituted Standard Old English.... More recently, scholars have turned to the evidence of vocabulary preferences and sought to identify standardizing tendencies in literary texts and translations written in close connection with Æthelwold's school at Winchester in the latter part of the tenth century."

3. Henry Sweet, ed., *King Alfred's West-Saxon Version of Gregory's Pastoral Care*, EETS. OS. 45 & 50 (London: Oxford University Press, 1871, rpt. 1958), I, pp. v-vi, at p. v:"...the present edition is the first one of any of Alfred's works which is based on contemporary MSS. ...all editors...persisted in ignoring the genuine West-Saxon MSS...."

4. Henry Sweet, *An Anglo-Saxon Primer* (Oxford: Clarendon Press, 1882, 8th ed. 1905, impression of 1950), p. vi:"The spelling has been made rigorously uniform throughout on an early West-Saxon basis."

5. C. L. Wrenn," 'Standard' Old English," *Transactions of the*

Philological Society 1933, 65-88; rpt. in *Word and Symbol: Studies in English Language* (London: Longmans, 1967), pp. 57-77, at p. 72: "...there was a common and universally used West-Saxon *Schriftsprache* in the late tenth and early eleventh centuries,... But there is no evidence for anything like a widespread West-Saxon literary dialect in Alfred's time;..."

6. Wrenn," 'Standard' Old English," (rpt.) p. 70:"In criticising Sweet's normalisation it must always be remembered that his purpose was to help the learner, the grammarian, and the lexicographer,... But he was inconsistent, and did not produce an Early West-Saxon which was consistent with itself."

7. Randolph Quirk and C. L. Wrenn, *Old English Grammar* (London: Methuen, 1955, 2nd ed., 1958), pp. 5-6:"...this book will, as far as is practicable and desirable, take the literary lamguage of Ælfric (himself a grammarian) as its foundation."

8. *Sweet's Anglo-Saxon Primer*, rev. by Norman Davis (Oxford: Clarendon Press, 1953), p. vi:"I have followed Sweet's practice of normalizing on a conventional Early West Saxon basis, unhistorical as it is, for it remains the best foundation for further study."

9. Bruce Mitchell and Fred C. Robinson, *A Guide to Old English* (Oxford: Blackwell, 5th ed. 1991), p. 11:"Professor Davis, in revising Sweet's *Anglo-Saxon Primer*, followed Sweet and used eWS as his basis. Quirk and Wrenn's *Old English Grammar*, however, normalizes on the basis of Ælfric's lWS. For the beginner, the most important difference is that eWS *ie* and *īe* appear in lWS texts as *y* and *ȳ*,... Another is that *ea* and *ēa* may be spelt *e* and *ē* in lWS (and sometimes in eWS) texts,... Since other differences will scarcely trouble

you and since there are some disadvantages in the use of lWS, the paradigms are given here in their eWS forms...."

10. Helmut Gneuss,"The Origin of Standard Old English and Æthelwold's School at Winchester," *Anglo-Saxon England* 1 (1972), 63-83, at 82-83:"In the eleventh century there was a widespread diffusion in all parts of England of a standard literary language, which must have developed from a West Saxon basis.... The Benedictine reform paved the way for the process of language unification....In Winchester ... an entire school is engaged in what one might term the study of language. Here they translate from Latin and try even to regulate the use of vocabulary. Here, then, could be the starting-point for the systematic diffusion of the new standard. ... the source of this cultivation and care may well have been Æthelwold and his circle in Winchester—England's first English philologists."

11. Peter Clemoes,"Late Old English Literature," *Tenth-Century Studies: Essays in Commemoration of the Millennium of the Council of Winchester and Regularis Concordia*, ed. David Parsons (Chichester: Phillimore, 1975), pp. 103-14 (Notes and References, pp. 230-33), at p. 110:"Professor Gneuss presented evidence that a systematic equivalence between certain Latin words and certain English ones is shared by Aelfric's writings and some other specimens of English (including glosses) which are likely to have had a Winchester connection. ...he has developed a convincing argument that these are all products of the educational system of Aethelwold's school."

12. Hans Schabram, *Superbia: Studien zum altenglischen Wortschatz, I. Die dialektale und zeitliche Verbreitung des Wortguts* (München: Fink, 1965), pp. 92-93, at p. 92:"Ælfrics *superbia*-Wort-

schatz ist von bemerkenswerter Einheitlichkeit. Von 129 Belegen entfallen 124 auf den jüngeren südenglischen Typ *modiʒ-....*"

13. Elmar Seebold,"Die ae. Entsprechungen von lat. *sapiens* und *prudens*: eine Untersuchung über die mundartliche Gliederung der ae. Literatur," *Anglia* 92(1974), 291-333, at 311:"Eine Überprüfung ergibt, daß *sapiens/sapientia* bis auf einen klar abgegrenzten Einzelfall...stets mit *wis*(*dom*) wiedergegeben wird, *prudens/prudentia* dagegen stets mit *snoter*(*nysse*),"

14. Gneuss,"The Origin," 75-83.

15. Gneuss,"The Origin," 76-77.

16. Shigeru Ono,"Recent Studies in Old English Vocabulary: A Review," *On Early English Syntax and Vocabulary* (Tokyo: Nan'undo, 1989), pp. 275-91 [本書第4章の英語版], at p. 278. この表は, Seebold,"Die ae. Entsprechungen," pp. 332-33 の表の要点を英語で示したものである。

17. Walter Hofstetter, *Winchester und der spätaltenglische Sprachgebrauch: Untersuchungen zur geographischen und zeitlichen Verbreitung altenglischer Synonyme* (München: Fink, 1987).

18. Hofstetter,"Winchester and the Standardization of Old English Vocabulary," *Anglo-Saxon England* 17 (1988), 139-61, at 142: "Whereas Gneuss thinks that the specific vocabulary of the 'Winchester group' is due mainly to stylistic considerations and an attempt at standardization, Seebold argues that there must be a difference of subdialect behind the divergences between the 'Benediktiner-Gruppe' and the three other groups of texts of southern origin."

19. Hofstetter,"Winchester and the Standardization," 142-43. Hofstetter が言及している拙論は "*Undergytan* as a 'Winchester'

Word," *Linguistics across Historical and Geographical Boundaries in Honour of Jacek Fisiak on the Occasion of His Fiftieth Birthday*, ed. D. Kastovsky and A. Szwedek (Berlin: Mouton de Gruyter, 1986), 1, pp. 569-77; rpt. in *On Early English Syntax and Vocabulary*, pp. 229-41 である。

20. Ono,"The Vocabulary of Ælfric and Wulfstan: A Review," *Old English Studies in Japan 1941-81*, ed. T. Kubouchi, W. Schipper and H. Ogawa, *Old English Newsletter, Subsidia* 14 (1988), 75-88; rpt. in *On Early English Syntax and Vocabulary*, pp. 257-73, at p. 266.

21. Ono,"*Understandan* as a Loan Translation, a Separable Verb and an Inseparable Verb," *Studies in English Philology and Linguistics in Honour of Dr. Tamotsu Matsunami*, ed. S. Ono et al. (Tokyo: Shubun International, 1984), pp. 3-13; rpt. in *On Early English Syntax and Vocabulary*, pp. 215-28, esp. pp. 221-23.

22. Ono,"The Old Englsih Equivalents of Latin *cognoscere* and *intelligere*—The Dialectal and Temporal Distribution of Vocabulary," *History and Structure of English: Collected Papers in Honour of the Sixtieth Birthday of Professor Kikuo Miyabe* (Tokyo: Kenkyusha, 1981), pp. 117-45;rpt. in *On Early English Syntax and Vocabulary*, pp. 169-207, at pp. 189-90.

23. Allen J. Frantzen, *King Alfred* (Twayne's English Authors Series) (Boston: Twayne Publishers, 1986), p. 109:"Only later, in the tenth century, did a literary language emerge in Old English,..."

24. Frantzen, *King Alfred*, p. 110:"Stenton argues for a vital Mercian literary tradition as a counterpart of Mercian political supermacy in the eighth and early ninth centuries,... The Mercian tradition was without doubt an important source of Alfred's revival, but

the list of Mercian works proposed by one scholar is too extensive, and as yet no alternate list has been suggested." 注（p. 134, n. 17）によると，'one scholar'とは Vleeskruyer である。'Mercian works' のリストは Vleeskruyer, ed., *The Life of St. Chad: An Old English Homily* (Amsterdam: North-Holland, 1953), pp. 38-62 にある。

25. Janet M. Bately,"Old English Prose before and during the Reign of Alfred," *Anglo-Saxon England* 17 (1988), 93-138.

26. Bately,"Old English Prose," 114;"...there is no good reason why any of the so-called early literary Mercian texts other than the *Dialogues* and probably Martyrology should be dated late-ninth-century rather than early-tenth-century. There is no reason at all to require us to assume a 'pre-Alfredian' dating for these texts, whatever hypotheses might appear attractive to us." この点では Gneuss も一致している。Helmut Gneuss,"King Alfred and the History of Anglo-Saxon Libraries," *Modes of Interpretation in Old English Lierature: Essays in Honour of Stanley B. Greenfield*, ed. P. R. Brown et al. (Toronto: University of Toronto Press, 1986), pp. 29-49, at p. 35: "Professor Vleeskruyer has expressly supported the theory that there was an early tradition of Mercian prose;... But there is little evidence of such prose before Alfred's time."

27. Bately,"Old English prose," p. 136:"King Alfred did not need to learn from Werferth or his Mercian colleagues such mannerisms as he adopts.";p. 138:"So, yes there was already by the 890s a tradition of prose writing with well-developed mannerisms, co-existing with the plainer and more workmanlike style of the *Chronicle* and laws, and possibly also the Martyrology, and no, it was not the exclusive property of Mercia, any more than the plain style appears to have been

restricted to works of West Saxon origin."

28. 例えば Jennifer Morrish は, "King Alfred's Letter as a Source on Learning in England," *Studies in Earlier Old English Prose*, ed. Paul E. Szarmach (Albany: State University of New York Press, 1986), pp. 87-107 で, Alfred の序文の 'historical veracity' を疑うが, Gneuss は注 26 に挙げた論文 (p. 47, n. 43) で, Morrish に反対する。("It will be seen that her interpretation of the manuscript evidence differs from mine and is closer to the more optimistic view of Sir Frank Stenton, *Anglo-Saxon England* 3rd ed (Oxford 1971) 190-1.")

29. 以下に述べることは, 1991年5月19日 (日), 明治大学和泉校舎で開催された日本英文学会第63回大会における研究発表「古英語における語彙選択—所有動詞の場合—」の一部である。その発表に基づく論文は "Word Preference in the Old English Verbs of Possessing" と題して, *Anglo-Saxonica: Beiträge zur Vor- und Frühgeschichte der englischen Sprache und zur altenglischen Literatur: Festschrift für Hans Schabram zum 65. Geburtstag,* ed. Klaus R. Grinda and Claus-Dieter Wetzel (München: Fink, 1993), pp. 279-88 に掲載されている。

30. Hofstetter, "Winchester and the Standardization of Old English Vocabulary," pp. 151-56 および *Winchester und der spätaltenglische Sprachgebrauch*, pp. 27-155.

31. Schabram, "Das altenglische *superbia*-Wortgut: Eine Nachlese," *Festschrift: Prof. Dr. Herbert Koziol zum siebzigsten Geburtstag*, ed. G. Bauer et al. (Wien/Stuttgart: Braumüller, 1973), pp. 272-79, at p. 279.

32. Seebold は, 最近の論文 "Winchester und Canterbury: zum spätaltenglischen Sprachgebrauch," *Anglia* 107 (1989), 52-60, at 59,

n. 7 において，*Orosius* の言語は，'Winchester group' の強い影響下にある後の作品によって継承されているかもしれない，という注目すべき意見を述べている。("Ich lasse die Orosius-Übersetzung mit ihrer merkwürdigen Sonderstellung beiseite. Lexikalisch gehört sie zu keiner der genannten Gruppen; ihre Sprachform wird möglicherweise fortgesetzt durch spätere Texte, die unter starkem Einfluß der Winchester-Gruppe stehen.")

III　テクストと曖昧性

7. *Beowulf* 70行

micel...þonne 'great...than'

1995年4月に教室で *Beowulf* を読み始めた。連休明けの授業の下調べをしていた時に，読む度に引っかかっていたつぎの箇所に来た。授業では Klaeber 版を使っていたが，ここでは便宜上 The Anglo-Saxon Poetic Records IV (New York, 1953) の Dobbie 版から引用する。両者の間には句読点の相違が2箇所あるが，解釈には関係ない。

>   Him on mod bearn
> þæt healreced   hatan wolde,
> *medoærn* micel,   men gewyrcean
> þonne yldo bearn   æfre gefrunon,
>
> (*Beowulf* 67-70)

(It came into his mind that he would command people to build a palace, a great mead-hall than the sons of men ever heard of.)

括弧内の訳は Fred C. Robinson, "Two Non-Cruces in *Beowulf*," *Tennessee Studies in Literature* 11 (1966), 151-60 (*The Editing of Old English* [Oxford, 1994], pp. 47-55 に再録) による。これは Dobbie のテクストの忠実な訳で，69行から70行の micel... þonne がそのまま 'great...than' と訳されてい

る。比較構文ならば 'greater...than' となるべきところであるが，原級の 'great' が用いられているために，破格構文が生じている。そこで，それを避けるために，micel を māre 'greater' や micle mā, micle māre 'much greater' にした編者もいる。しかし，実はこの破格構文は本文校訂の結果生じたもので，写本では þonne ではなく，þone になっている。写本の þone を þonne にすることを提案したのは C. W. M. Grein (1857) である。その後 A. J. Wyatt/R. W. Chambers (1914), W. J. Sedgefield (1935³), F. Klaeber (1950³), E. V. K. Dobbie (1953), C. L. Wrenn (1953), E. von Schaubert (1958¹⁷), C. L. Wrenn/W. F. Bolton (1973), G. Nickel (1976), M. Swanton (1978) などほとんどすべての編者が Grein の校訂に従った（ただし Grein 版を改訂した W. P. Wülcker [1883] は写本のままにしている）。Grein の校訂の主な理由は，写本の þone は男性代名詞であるがその先行詞 medoærn 'mead-hall' は中性名詞であって性が一致しないことと，æfre 'ever' は比較級の後に起こることが多いことである。しかし Grein の校訂によって破格構文が生じたことは確かである。Johannes Hoops は *Kommentar zum Beowulf* (Heidelberg, 1932) で Grein の校訂を採用して，micel...þonne の構文を Mischkonstruktion 'mixed construction' とし，'ein großes Haus, wie es die Menschen nie gesehen' (a great house, such as men had never seen) と 'ein größeres Haus, als die Menschen je gesehen' (a greater house than men had ever seen) から 'ein großes Haus, als die Menschen je gesehen' (a great house than men had ever seen) が生じたと説明する。

micel...þone 'great...which'

　古英語にはこのような 'mixed construction' の十分な証拠がないので，Robinson は þone をそのままにすることを提案した。þone の先行詞は 69 行の中性名詞 medoærn 'mead-hall' ではなく，68 行の男性名詞 healreced 'palace' であり，þone で始まる関係詞節の解釈は "which the sons of men have ever heard of" または，70 行の gefrūnon 'heard of' を仮定法にとれば，"which the sons of men should hear of forever" となる。Robinson は 67-70 行を "It came into his mind that he would command people to build a palace, a great mead-hall, which the sons of men should hear of forever." と訳している。Wrenn/ Bolton (1973) は Robinson の読み方を，本文には採用していないが，脚注では言及して，"such a reading effectively removes the problem of omitted or mixed constructions" と述べている。他方 H. D. Chickering, Jr. (1977) は本文でも Robinson に従い，G. Jack (1994) も同様で，"This interpretation, which follows Robinson (1966a), takes *þone* to be a relative pronoun referring to 68 *healreced* 'hall' and *gefrunon* to be subjunctive." と説明する。また Bruce　Mitchell は統語法の観点から "Robinson's retention of MS *þone* (in preference to the syntactically violent emendation *þonne*)" (*Old English Syntax* [Oxford, 1985], § 46) を支持している。

148　III. テクストと曖昧性

Robinson の解釈を巡って

　1970年1月20日の午後，ペンシルヴェニア大学における James　L.　Rosier の *Beowulf* の授業は64行からであった。Rosier は Klaeber 版70行の þon[n]e を写本通り þone と読み，gefrūnon を仮定法にとって，その行を "which the sons of men should hear about" と訳した。その時 Robinson には言及しなかったと思うが，時期的には符合していて興味深い。

　アメリカで最も普及している *Beowulf* の現代語訳は E. T. Donaldson (1966) の散文訳であろう。それは *The Norton Anthology of English Literature*, Vol. 1 (revised, 1968) に収められている。67–70行は "It came to his mind that he would command men to construct a hall, a mead-building large[r] than the children of men had ever heard of." と訳されている。これは micel...þonne によっていて，'than' に合わせて 'large[r]' と比較級にしている。ところが手元にある第6版 (1993) では，現代語訳は E. T. Donaldson (1966) と注記しながら，実際には断わりなしに Robinson の解釈に従って "It came to his mind that he would command men to construct a hall, a great mead-building that the children of men should hear of forever." のように改訂されている。この改訂が何時からかは確認していないが，第3版 (1974) 以後であることは確かである。その他アメリカでは，従来通りのものもあるが，Chickering の対訳 (1977), C. Hieatt (1982), M. Osborn (1983), M. Hudson (1990), E. L. Risden (1994) などは Robinson に従っている。

　つぎにイギリスにおける翻訳の状況に目を転じよう。まず J.

Earle (1892) の "a great mead-house, (greater) than the children of men had ever heard tell of" が興味をひく。Earle 訳は M. Heyne (1879[4]) から作られたが, その改訂版 M. Heyne/A. Socin (1888[5]) も利用されている。従って Grein の本文 micel ... þonne が採用されたが, 'great...than' ではしっくりしないので '(greater)' を補った所に苦心の跡が窺われる。その後は W. Morris/A. J. Wyatt (1895) から対訳として広く用いられている M. Swanton (1978) や Everyman's Library の S. A. J. Bradley (1982) に至るまで, ほとんどすべて þonne 'than' を採用して, 'greater *or* mightier *or* larger...than' と訳している。William Morris 訳の共訳者 A. J. Wyatt の刊本の初版は翻訳の前年すなわち 1894 年に出版されて, R. W. Chambers による改訂版 (1914) がその後長い間使われた。K. Crossley-Holland (1968) の "a large and noble feasting-hall of whose splendours men would always speak" は意訳的であるが, Grein には従っていない。その点でイギリスでは例外的で Robinson に近いが, Crossley-Holland の指導者が Robinson を支持する Mitchell であることを思うと納得が行く。このように見てくると, Robinson が Grein の校訂 (1857) から 109 年振りに写本の þone を復活させたことは画期的なことと思われるが, Grein の校訂の 2 年前に Benjamin Thorpe はつぎのような逐語訳を発表している。

Him on mód be-arn	*It* ran through his mind
þæt [he] heal-reced	that [he] *a* hall-house
hátan wolde,	would command,
medo-ærn micel,	*a* great mead-house,

III. テクストと曖昧性

```
men gewyrcean,          men to make,
þone yldo-bearn         which the sons of men
æfre gefrunon;          should ever hear of;
```

　Robinson は Thorpe の訳に触れていないが，彼の "which the sons of men should hear of forever" は Thorpe の "which the sons of men should ever hear of" に類似している。Robinson の解釈は，彼が言うように，確かに "more satisfactory than the broken syntax of the emended sentence" ではあるが十分に説得力があるとは思えない。一つには，この解釈では gefrunon を仮定法にとることになるからで，もう一つは，"a great house, which the sons of men had never heard of" のように，否定語があった方が文脈に合うと思われるからである。私の教室で当たった学生の訳には「聞いたことのない」のように，否定語が使われていた（岩波文庫の忍足欣四郎訳でも「人の子らが耳にしたためしのない大いなる蜜酒の広間」となっている）。

æfre か ær ne か

　Robinson は写本の þone を正当化するために，*Exodus* 28 行の関係代名詞 þone を挙げている。

```
þær he him gesægde
     ...his sylfes naman,
þone yldo bearn   ær ne cuðon,
                    (Exodus 24-28)
```
(when he told him...his own name, which the sons of men did

not know before)

　ところが私はこの例のなかの Robinson が触れていない ǣr ne 'not before' に注目した。コンコーダンスを調べるとつぎの例が見つかった。

ealde staðolas,　　þa ic ær ne gefrægn
ofer middangeard　　men geferan,
$$(Exodus\ 285\text{-}86)$$
(ancient foundations, which never before in the world have I heard of men traversing)

285 行の þā 'which' で始まる後半行には，*Exodus* 28 行と同様に ǣr ne 'not before' があり，*Beowulf* 70 行と同様に gefrignan 'hear of' (*Exodus* では gefrægn, *Beowulf* では gefrūnon) がある。*Exodus* 28 行の cūðon を gefrūnon に置き換えると，

*þone yldo bearn　　ær ne gefrunon
となり，*Beowulf* 70 行の ǣfre を ǣr ne に置き換えると，同様に

*ðone yldo bearn　　ær ne gefrunon
となる。このように置き換えると *Beowulf* 67-70 行は，"It came into his mind that he would command people to build a palace, a great mead-hall, which the sons of men had not heard of before." と訳すことができる。

　この解釈は韻律，形態，統語法，意味のいずれの点でも無理がない。すなわち ǣfre と ǣr ne は韻律型が同じ ´×で，gefrūnon は直説法であり，写本の þone が保たれるため統語法上

の問題はなく，意味の上でも æfre よりも ǣr ne の方が明快である。さらに ǣfre と ǣr ne は，特に後者が ǣrne のように1語として書かれている時には混同を招きやすい。*Beowulf* の写本に関する限り，f と r，r と n の混同はないが，一般にはあり得るので，写字生の誤りの可能性も排除できない。*Beowulf* には ǣr ne が 2 例あり，いずれも後半行の始めにある。その一つはつぎの例である。

              Nu scealc hafað
þurh drihtnes miht   dæd gefremede
þe we ealle   ær ne meahton
snyttrum besyrwan.

                     (*Beowulf* 939-42)

(Now, through the might of the Lord, a warrior has done a deed which formerly we all could not contrive with our skills.)

この例の ǣr は写本では欠落していて，Thorkelin の転写から補われている（助手が転写した A では ærne, Thorkelin 自身による B では ęrne）。もう一つの例は 718 行にあり，写本には ne は欠落していて，A では ær nes iþðan, B では ær siþðan で ne はない）。

以上述べたように，私は Robinson に従って写本の þone を生かすことには賛成であるが，それと同時に，ǣfre を ǣr ne とする読み方も一つの可能性として考えられるのではないかと思う。

最後に *Guthlac* 1360 行の後半における æfre gefrūnen の例を挙げておく。ここでは *Beowulf* の場合と違って，æfre は最上

級を先行詞とする関係詞節にあり，gefrūnen は明らかに仮定法である。

hlaford min

beorna bealdor,　　ond broþor þin,
se selesta　　bi sæm tweonum
þara þe we on Engle　　æfre gefrunen
(*Guthlac* 1357-60)
(my lord, leader of men, and you brother, the best between the seas of those whom we ever heard of among the English)

(以下独訳について付記する。Lehnert(1967[4])，Nickel (1976), Bergner(1986) の本文は micel...þonne であるが訳は異なる。Lehnert の "ein großes Methaus...als die Menschenkinder je erfuhren" (a great mead-house.... than the children of men had ever heard of) は Mischkonstruktion の直訳である。Nickel の "ein großes Methaus...—von einem größeren hatte die Menschheit nie zuvor erfahren" (a great mead-house...—never had mankind heard of a greater one before) と Bergner の "ein mächtiges Methaus...wie es der Menschen Kinder nie gesehen hatten" (a mighty mead-house...such as the children of men had never seen) には英訳にはない否定語 nie がある。Genzmer (1953) "einen mächtigen Metsaal...wie ihn nie gesehen die Söhne der Menschen" (a mighty mead-hall... such as the sons of men had never seen) の本文は不明だがここにも nie がある。)

8. Ēadig mon (*Beowulf* 2470b) は 'Wealthy' か 'Blessed' か

Ēadig と gesǣlig の分布

Helmut Gneuss は本来 'happy, wealthy' を意味した古英語の ēadig と gesǣlig がラテン語の beatus 'blessed' の訳として用いられたと言っている ("The Old English Language," Malcolm Godden and Michael Lapidge, eds., *The Cambridge Companion to Old English Literature* [Cambridge, 1991], p. 43)。それでは ēadig と gesǣlig の間にはどういう違いがあったのであろうか。古英語における loan-formation (借用形成) と semantic loan (意味借用) を扱った Gneuss の研究がその概要を与えてくれる (*Lehnbildungen und Lehnbedeutungen im Altenglischen* [Berlin, 1955], pp. 61-62)。Gneuss によれば、古英語の ēadig は先ず 'rich, happy' を意味したが、その後ラテン語の beatus の一般的な訳語になった。それは神の国に入ることを許されるあるいはそれを望む人々、つまり敬虔な、貧しい、無力な人々の幸福を指すので、本来と反対の意味になった。(Gneuss はこう言うが、世俗的な意味を持った語が宗教的な意味に転用されたのであって、レベルが違うのだから、反対の意味になったのではない。) Gneuss によれば、ラテン語の beatus は *The Vespasian Psalter* の 27 例と *Canticle* の 1 例のすべてが古英語の

8. Ēadig mon (*Beowulf* 2470b) は 'Wealthy' か 'Blessed' か

ēadig で訳され，その他の詩篇注解もそれにならっている。このように，ēadig がキリスト教の beatus の概念を表わす普通の語になったが，特に詩では gesǣlig も見られる。Alfred では gesǣlig がキリスト教の beatus の訳語として用いられた。従って最初は恐らく ēadig と gesǣlig が共に同様な意味借用を示したが，ēadig が優勢になって，福音書ではラテン語の beatus の訳語として常に ēadig が用いられていて，詩篇でも同様である。唯一の例外は *The Paris Psalter* 40.3 で，この詩篇のほかの箇所では常に ēadig が使われているのに，ここでは beatus に gesǣlig が用いられている。そこで Gneuss は，*The Paris Psalter* の訳者も Alfred ではないか，9 世紀末におけるこのような gesǣlig の使用は Alfred の特色だろうかという疑問を提出する。(その後 Janet Bately は "Lexical Evidence for the Authorship of the Prose Psalms of the Paris Psalter," *Anglo-Saxon England* 10 [1982], 69-95 で，その訳者は Alfred であろうという結論に達した。)

Gneuss の *Lehnbildungen* (1955) は 1953 年に Berlin 大学に提出された学位論文に基づくもので，ēadig などの語については，同じく Berlin 大学に提出された Wolfgang Winter の学位論文 "Aeht, Wela, Gestreon, Sped und Ead in Alt- und Mittelenglischen" (1955 [未刊]) に負う所がある。そして Winter の論文には Gneuss が触れていないことが書かれている。一つは，Wulfstan では ēadig と gesǣlig は 1 回しか用いられず，それ以外の純粋に Wulfstan の作品では beatus の概念は gesǣlig で表わされているのに対して，Ælfric は両方の語を使っているが，ēadig の方が優勢だということである。もう一つは Alfred も両方の語を使っているが，Boethius の *De Consolatione Philoso-*

phiae (= On the Consolation of Philosophy)の訳では，キリスト教的な意味はないということである。Wulfstan における ēadig の唯一の例はつぎの *The Benedictine Office* (ed. James Ure [Edinburgh, 1957]) 101.7 のものである。

'*Beati* serui illi quos cum uenerit dominus'. þæt is : *Eadige* beoð þa men þe se hlaford wacigende gemet... (Blessed are the men whom the Lord shall find watching...)

しかし，つぎの引用文が示すように，この数行後(101. 13)では，同じ意味で gesælig が使われている。

þonne bið se swyðe *gesælig* se ðe bið þonne wacigende. (Then shall he be very blessed who shall then be watching.)

つぎの例は，Ælfric の *De septiformi Spiritu* (= On the Sevenfold Spirit) を Wulfstan が書き直したものの中にあり，ēadig が gesælig and ēadig に拡大されている。

Ælfric : ælc man bið *eadig* > Wulfstan : ælc man bið *gesælig and eadig*.

このように ēadig は Wulfstan にとって自然な語ではなかった。そこで ēadig の唯一の例がある *The Benedictine Office* の散文の部分について Ure は別人（恐らく Ælfric）の作を Wulfstan が改訂したのだと言う (Ure, pp. 25, 36-37. Peter Clemoes, "The Old English Benedictine Office, Corpus Christi College,

Cambridge, MS 190, and the Relations between Ælfric and Wulfstan: a Reconsideration," *Anglia* 78 [1960], 268-69 は Ure の説を支持しないが，A. G. Kennedy, "Cnut's Law Code of 1018," *Anglo-Saxon England* 11 [1983], 63, n. 37 によれば，再考の余地がありそうである)。

以上の概観から，beatus の対応語としての ēadig と gesǣlig の分布は，ほぼつぎのように表示することができる。

	Alfred	詩篇と福音書	Ælfric	Wulfstan
beatus	gesǣlig (ēadig)	ēadig	ēadig (gesǣlig)	gesǣlig

Ēadig の意味

A Microfiche Concordance to Old English (Toronto, 1980) によると，ēadig は 1577 例，gesǣlig は 258 例ある（詩では 143: 18, 散文では 833 : 205, 注解では 599 : 32)。Ēadig の頻度が高いのは，ラテン語に依存するキリスト教的な性格の翻訳，注解，散文作品が多いからであろう。以下においてこれら 2 語の意味と用法を扱うが，その際できるだけ語の選択の条件を考慮したいと思う。

本来の 'rich, happy' の意味の例

Solomon and Saturn 367 Oðer bið unlæde on eorðan, oðer bið *eadig*. (The one is miserable on earth, the other is fortunate.)
Cura Pastoralis (= The Pastoral Care) 174. 14 on oðre wisan *earme*, on oðre *eadige* (in one way the poor, in another the

rich) [Aliter *inopes,* aliter *locupletes.*]

詩篇と福音書における beatus の訳
　The Vespasian Psalter 2. 13 *eadge* alle ða ðe getreowað in hine (blessed [are] all who believe in him) [*beati* omnes qui confidunt in eum]
　Matthew 5.3 *Eadige* synt þa gastlican þearfan (Blessed are the poor in spirit.) [*Beati* pauperes spiritu]

詩では ēadig 143 例, gesælig 18 例で, 少数を除いて頭韻語になっている。
　Genesis A 2234 se *eadga* wer (the blessed man [Abraham])
　Christ A 87 sio *eadge* mæg (the blessed Virgin [Mary])
　Seafarer 106 *Eadig* bið se þe eaþmod leofaþ (Blessed is he who lives in humility)

つぎに詩における gesælig の例を挙げる。最初の例は Satan の口から出た非キリスト教的な言葉で, 二番目は別の詩のキリスト教的な例である。いずれの場合も gesælig は頭韻語である。
　Genesis B 411-12 þenden we on þan godan rice / *gesælige* sæton (while we were happily situated in that good realm)
　Christ and Satan 295-96 Beorhte scinað / *gesælige* sawle (Brightly shine the blessed souls)

Alfred

Alfred における ēadig と gesælig の使い方は, 注意深く見る

と, Gneuss や Winter の説明より複雑である。*Cura Pastoralis* では, ēadig 11 例のうち 6 例はキリスト教的な意味の beatus の訳語で, gesǣlig は 2 例のみで, 一つは felix 'happy' の訳で, もう一つには対応するラテン語がない。*The Paris Psalter* の散文の部分も同様であって, ēadig 9 例はすべて beatus の訳語で, gesǣlig も beatus の訳であるが, 1 例(40. 3)のみである。

他方 Boethius の *De Consolatione Philosophiae* の訳は非常に異なり, gesǣlig (39 例)の方が ēadig (6 例)よりも多い。Beatus の訳語としても, ēadig 1 例に対して gesǣlig 6 例で, gesǣlig の方が多い。さらに gesǣlig は felix の訳語として 15 回用いられている。Boethius の原典では, beatus は 'spiritual', felix は 'worldly' と使い分けられているのに, Alfred の訳における ēadig と gesǣlig の間には原典におけるような区別も一貫性もない(この点については Jerrold C. Frakes, *The Fate of Fortune in the Early Middle Ages: The Boethian Tradition* [Leiden, 1988], p. 117 を参照)。Boethius 訳と同様の特徴が St. Augustine の *Soliloquia* (= Soliloquies) の訳にも見られ, beatus の訳語は ēadig 1 例に対して gesǣlig 3 例である。

Boethius 86. 1 ælc *gesælig* mon bið God (every happy man is a god) [Omnis igitur *beatus* deus] (W. J. Sedgefield は刊本 [Oxford, 1899] では 'God', 現代語訳 [Oxford, 1900] では 'a god' としているが小文字の方がよい);113. 19 þonne þu meaht eac ongitan þ ælc good man bið *eadig*, & þ ealle *gesælige* men bioð godas (then you can also understand that every good man is blessed and all happy men are gods)

[bonos omnes eo ipso quod boni sint fieri *beatos* liquet. Sed qui *beati* sint deos esse convenit.]

Alfred が beatus の訳語として，*Cura Pastoralis* と *The Paris Psalter* では ēadig を選び，*Boethius* と *Soliloquies* では gesǣlig を選ぶというように，同一あるいは類似と考えられる概念に対する訳語に変化を与えたということは，作品の性格，翻訳の目的および読者に応じた Alfred の翻訳態度の現われと考えられる。(翻訳者としての Alfred については，Janet Bately, *The Literary Prose of King Alfred's Reign: Translation or Transformation?* Inaugural Lecture, King's College, University of London [London, 1980] および P. E. Szarmach, ed., *Studies in Earlier Old English Prose* [New York, 1986] の Part One 所載の諸論文を参照。)

Ælfric

Boethius の *De Consolatione Philosophiae*, Book 3 の一部に付けられた後期ウェストサクソン方言の行間注解(W. C. Hale, *An Edition and Codicological Study of Corpus Christi College, Cambridge MS 214.* Diss. Univ. of Pennsylvania, 1978)では，例外なく beatus は ēadig, felix は gesǣlig に訳されている。Ælfric の *Grammar* でも同様である。Ælfric の著作では ēadig 252 例, gesǣlig 93 例で，ēadig は大抵 beatus の意味である。Ēadig が本来の意味で使われた場合は，earm and ēadig 'poor and rich' のような例が多い。(以下の Ælfric からの引用文の出典の略記はつぎの通りである。*ÆCHom I* = *Ælfric's Catholic*

Homilies, First Series, ed. Benjamin Thorpe [London, 1844, repr. 1971]; *ÆCHom II* = *Ælfric's Catholic Homilies,* Second Series, ed. Malcolm Godden, EETS. SS. 5 [1979]; *ÆHom* = *Homilies of Ælfric: A Supplementary Collection,* ed. J. C. Pope, EETS. 259-60 [1967-68]; *ÆLS* = *Ælfric's Lives of Saints*, ed. W. W. Skeat, EETS. OS. 76, 82, 94, 114 [1881-1900])

ÆCHom I 64. 30-33 Renscuras, and cyrcan duru, fulluht, and synna forgyfenys, huselgang, and Godes neosung, sind eallum gemæne, *earmum* and *eadigum* (Rain-showers and the church-door, baptism and forgiveness of sins, partaking of the housel and God's visitation, are common to all, poor and rich)
ÆCHom II 256. 38-41 Martha swanc. and Maria sæt æmtig;... þæt an lif is *wræcful*. þæt oðer is *eadig*. (Martha toiled, and Mary sat unoccupied; ...the one life is wretched, the other is happy.)

Ælfric はリズミカルで頭韻を踏む散文を書いたが，同義語の使い分けがこのような修辞的条件による場合が少なくない。Gesælig が beatus の意味で用いられた場合に頭韻が見られることが多い。

ÆCHom I 234. 31-32 *Gesælig* beoð þa þe me ne *gesawon*, and þeah on me gelyfað. (Blessed are those who did not see me, and yet believe in me.) [*John* 20. 29 *beati* qui non uiderunt et crediderunt; cf. *ÆCHom I* 190. 25-26 *Eadige* beoð þa þe me ne geseoð and hi hwæðere gelyfað on me]

ÆCHom 11 99-100 and he wurde *gesælig* gif he na ne *syngode*, þa ða he *soðlice* mihte *synna* forbugan (and he would be blessed if he did not sin, when he could indeed avoid sins) [*beatus* esset qui noluisset peccare cum posset]

ÆLS (*St. Edmund*) 124-26 þa tugon þa hæþenan þone halgan to *slæge*, and mid anum *swenge slogon* him of þæt heafod, and his *sawl siþode gesælig* to criste. (then the heathen dragged the saint to slaughter, and with one stroke struck off his head, and his soul went blessed to Christ.)

Gesælig は ēadig を第一要素とする同義語反復(repetitive word pair)にも用いられる。(先に Wulfstan が Ælfric の ēadig を拡大したときに, gesælig を先にしたことに触れたが, Ælfric の方は ēadig を先にしている。つまり二人共自分にとって自然な語の方を第一要素にしている。)

ÆCHom I 554. 20 Se bið *eadig* and *gesælig* þe for criste ðolað wyriunge and hospas fram licceterum (He will be blessed and happy who for Christ suffers malediction and insults from hypocrites)

ÆCHom I 204. 28 Uton biddan nu þæt *eadige* and þæt *gesælige* mæden Marian. (Let us now pray the blessed and happy Virgin Mary.)

つぎの例では, ラテン語の1語が古英語では2語になっていて, それぞれが別の語と頭韻を踏んでいる。

ÆHom 4 52-53 *Eadig* is se *innoð* þe ðe to mannum gebær, and *gesælig syndon* breost þe þu *gesuce*. (Blessed is the womb that bore thee to men and the paps that thou hast sucked.)

[*Luke* 11.27 *Beatus* uenter qui te portauit, et ubera quae suxisti.]

最後に修辞的ヴァリエーションと頭韻の例を挙げる。

ÆCHom I 84. 1-8 *Gesælige* hi wurdon geborene .... *Eadig* is heora *yld*, ... Næron hi geripode to *slege*, ac hi *gesæliglice* þeah *swulton* to life. *Gesælig* wæs heora acennednys, ... (Blessed they were born. ... Happy is their age, ... They were not ripened for slaughter, yet they blessedly died to life. Blessed was their birth, ...)

（本章は1993年12月4日に慶應義塾大学日吉校舎で開催された日本中世英語英文学会第9回全国大会で行なった会長講演に基づいている。その英語版 "Was *eadig mon* (*Beowulf* 2470b) 'Wealthy' or 'Blessed'?" は *Studies in Medieval English Language and Literature* 9 [1994], 1-21 に発表された。その論文についての Celia Sisam のコメント（1994年9月24日付私信）は上記の話題に関係があるので，以下に引用する。

I liked your paper, & was particularly interested in your evidence in Alfred's usage. I suppose the lexical habits of his various learned assistants might explain the difference between Boethius & CP. Also interesting was your discussion of Ure's attribution of the Benedictine Office revision to Wulfstan, which I've never believed in. True, one appearance there of *eadig* doesn't prove that Wulfstan wasn't the reviser; but it's certainly suggestive. And you show conclusively that *eadig* did not come naturally to Wulfstan (= *beatus*), whereas it was Ælfric's first choice, & that alliteration inclined him to *gesælig*.

Alfred の翻訳と *The Benedictine Office* の訳者については再考の余地がある。)

コロケーションと複合語

本来 'rich, happy' を意味していた ēadig が、早くからキリスト教的な意味のラテン語の beatus の訳語として用いられて、'blessed' の意味が確立していた。本来の意味は、非キリスト教的な作品や文脈に現われるほか、慣用的表現や複合語に残っている。そこでコロケーションと複合語から始めて、*Beowulf* における ēadig の解釈について考えたいと思う。

Ēadig の最も多いコロケーションは ēadig and earm で、2語の順序は逆の例も多い。さきに Alfred や Ælfric の例を挙げたが、詩、説教、法律などにもあって、普通 'rich and poor' の意味である。

Christ C 905-9
Cymeð wundorlic   Cristes onsyn,
æþelcyninges wlite,   eastan fram roderum,
on sefan swete   sinum folce,

biter bealofullum,　　gebleod wundrum,
eadgum ond earmum　　ungelice.
(Christ's wondrous figure, the form of the noble King, will come from the east from out of the skies, sweet to the minds of his own folk, bitter to those steeped in sin, strangely diverse and different towards the blessed and the wretched. [tr.S. A. J. Bradley])

Riddle 84 28
hio biþ *eadgum* leof,　　*earmum* getæse,
(she is dear to the rich and beneficial to the poor,)

Law IV Edgar 2.2
to ðy þæt *earm & eadig* mote agan þæt hy mid rihte gestrynað
(to the end that rich and poor may possess what they lawfully acquire)　[siue *locupleti* siue *egenti*]

そのほかにつぎのようなコロケーションがある。

Guthlac B 1026 & 1258 *eadig* on elne 'blessed with courage'
Paris Psalter 71. 10 tires *eadige* 'blessed with glory'

Dōm-ēadig 'blessed with glory', hwæt-ēadig 'blessed with fortune', sige-ēadig, sigor-ēadig 'blessed with victory', tīr-ēadig 'blessed with glory' などの複合語における ēadig は，ほとんど 'very' という強意語のような働きをしている (S. M. Ingersoll, *Intensive and Restrictive Modification in Old English*, Anglistische Forschungen 124　[Heidelberg, 1978], p. 148 参照)。

古英語の形容詞 god 'good' とそのコロケーションを扱った

166　III. テクストと曖昧性

後に，Marjorie Daunt はつぎのように述べている("Some Modes of Anglo-Saxon Meaning", C. E. Bazell et al., eds., *In Memory of John Rupert Firth* [London, 1966], p. 70)。

I have dealt with *god* at some length because it looks as if the collocations of many quite simple words might reveal a determination on the part of the strongly Christian poets to avoid words which could rouse the older pre-Christian ideals, which were certainly strong enough to live for centuries, and instead to give Christian value to words which had been comparatively harmless. This conversion is plain in the case of *eadig*.

In *Beowulf* this word always refers to material possessions, the *eadig* man leaves land and possessions to his heirs.

The compounds of *eadig* which are really collocations, are *ceap-, dom-, efen-, hreþ-, hwæt-, sige-, sigor-, tir-*, all either indicating possessions or the victory which brings them, and the glory they brought. It was not a very difficult transition from treasure on earth to treasure in Heaven, and it was made.

Daunt は ēadig の 'pre-Christian ideal' から 'Christian value' への転換を 'not a very difficult transition' と考えている。Helmut Gneuss (*Lehnbildungen und Lehnbedeutungen* [Berlin, 1955], p. 61) は beatus の訳語としての ēadig にその本来の意味との対立 (Gegensatz) を見るが，この場合の意味変化は世俗的な意味からキリスト教的な意味への，言い換えれば別のレベルへの変化であって，同じレベルでの対立ではない。その点では

Daunt の考えは無難であるが, *Beowulf* では ēadig は常に 'material possessions' を指すと言い切ることはできないであろう。

Beowulf における ēadig

Ēadig は *Beowulf* では 2 回 (1225a, 2470b) 使われている。Beowulf と Grendel の戦いの後の宴会の席で, 王妃 Wealhtheow は Beowulf の幸せを祈ってつぎのように言う (*Beowulf* からの引用は The Anglo-Saxon Poetic Records IV [New York, 1953] の E. V. K. Dobbie 版による)。

>   Wes þenden þu lifige,
> æþeling, *eadig*. (1224b–1225a)
> (Be *happy*, prince, while you live.)

Beowulf は竜退治に出掛ける前に家来たちへの言葉の中で, 息子の一人を非業の死によって失い, 心に悲しみを抱いて人の喜びを捨てて死に, 息子たちに土地と城市を残した王 Hrethel のことを語ってこう言う。

> He ða mid sorhge, þe him swa sar belamp,
> gumdream ofgeaf, godes leoht geceas,
> eaferum læfde, swa deð *eadig* mon,
> lond ond leodbyrig, þa he of life gewat. (2468a–2471b)
> (Then with sorrow which had so bitterly befallen him he gave up the joys of men, chose the light of god, left to his sons, as

168   III. テクストと曖昧性

a *wealthy* man does, land and town, when he departed from life.)

　この試訳のように，ēadig を 1225a では 'happy'，2470b では 'wealthy' と訳しても問題ないと思われる。しかしここでこれまでの様々な翻訳と解釈を検討すると共に，この語が当時の聞き手あるいは読者にどのように受け取られたかを考えてみたい。先ず幾つかの刊本のグロッサリーを取り上げることにする。(紙面節約のため編・訳者名と刊行年のみを挙げる。)

Wyatt & Chambers (1914)	rich, prosperous
Sedgefield (1935³)	happy, prosperous
Klaeber (1950³)	prosperous, happy, blessed
Wrenn (1953)	blessed; happy; fortunate
von Schaubert (1961)	mit Gut gesegnet, reich, glücklich
Lehnert (抜粋) (1967⁴)	1225 glücklich, gesegnet
Wrenn & Bolton (1973)	blessed; happy; fortunate
Nickel (Strauss) (1982)	wohlhabend, glücklich

つぎに手元にある翻訳を年代順に挙げる。

	1225a	2470b
Kemble (1837)	fortunate	rich
Thorpe (1855)	prosperous	prosperous
Earle (1892)	happy	wealthy
Morris & Wyatt (1895)	wealthy	wealthy

8. Ēadig mon (*Beowulf* 2470b) は 'Wealthy' か 'Blessed' か

Gummere (1909)	prosper	wealthy
Moncrieff (1921)	wealthy	wealthy
Crawford (1926)	prosperous	prosperous
Gordon (1926)	blessed	worthy
Gerould (1929)	happy and prosperous	woeful and happy
Whitelock (1939)		wealthy
Kennedy (1940)	May fate show favor	good
Waterhouse (1949)	prosperous	wealthy
Clark Hall (1950)	prosperous	wealthy
Morgan (1952)	happy	prospered
Genzmer (1953)	glücklich	gesegnet mit Besitz
Gneuss (1955)	glücklich und reich	reich, wohlhabend
Winter (1955)	irdisch glücklich	reich, wohlhabend
Wright (1957)	flourish	prosperous
von Schaubert (1961)	reichtumgesegnet	
Daunt (1966)	'refers to material possessions'	
Donaldson (1966)	prosperous	happy
Crossley-Holland (1968)	thrive	wealthy
Garmonsway & Simpson (1968)	blessed	wealthy

III. テクストと曖昧性

Alexander (1973)	happy	happy
Porter (1975)	happy	happy
Nickel (1976)	glücklich	wohl-habend
Chickering (1977)	happy	good
Swanton (1978)	fortunate	prosperous
Koziol (1979)	glücklich	reich
Bradley (1982)	blest	happy
Greenfield (1982)	bless	prosperous
Osborn (1983)	happy	good
Tripp (1983)		good
Porter (1984)	happy	good
Huppé (1987)	blessed	blessed
Lehmann (1988)	flourish	prosperous
Hudson (1990)	prosper	prosperous
Tharaud (1990)	live in prosperity	according to custom
Crépin (1991)	bonheur	comblé
Porter (1991)	happy	happy
Heaney (1999)	luck and blessings	a man of substance

興味深いことに，1225a を 'happy', 2470b を 'wealthy' とした試訳と一致するのは Earle (1892) のみである。再度 Oxford 大学の Anglo-Saxon 教授を勤めた John Earle (1824-1903) は *Beowulf* に 'paganism' を求めるドイツの学風に対して批判的だった。(この点について詳しくは E. G. Stanley, *The Search for Anglo-Saxon Paganism* [Cambridge, 1975] を参照。Earle については特に pp. 41-43 および 46 f.に詳しい。) Earle は *Anglo-Saxon Literature* (London, 1884; repr. 1970), p. 136 で つぎのように言う。

> *Beowulf* was a genuine growth of that junction in time (define it where we may) when the heathen tales still kept their traditional interest, and yet the spirit of Christianity had taken full possession of the Saxon mind —— at least, so much of it as was represented by this poetical literature.

このようにキリスト教的であることを認めながら,上の箇所に関しては,ドイツ語訳およびドイツの学風の影響下にあった初期の英訳と類似している。しかもその訳は直接の文脈には適切である。'wealthy' という訳語は Garmonsway & Simpson (1968)で終わっている。これに対して 'blessed' の方は Gordon (1926)に孤立して現われる以外は遅く,1225a では Garmonsway & Simpson (1968)からで,2470b ではさらに遅く Huppé (1987)からである。彼はいかにも聖書釈義派の代表者らしく,二箇所共 'blessed' と訳している。時に見られる 'good' は解釈を示していない。概してドイツと初期のイギリスの解釈は pre-Christian で,後の,そして特にアメリカの解釈は Christian である。このように,様々な翻訳は様々な解釈を反映している。

おわりに

私は *Beowulf* 2470b の ēadig mon について何人かのイギリ

スの学者の意見を聞くことができたが，その中で印象に残っているものを記しておきたい。1992 年の夏に London 大学 King's College の Janet Bately は言下に 'Christian' と言ったのが印象的だった。同年の秋に来日した Oxford 大学 St. Peter's College の Terry Hoad はこの ēadig の意味は 'wealthy' だと言った。それを私は冷静な語源学者の発言として受け取った。(ēadig は 'wealth, riches' を原義とする名詞 ēad から派生した形容詞である。)つぎに 1993 年の夏に Oxford 大学 St. Edmund Hall の Joy Jenkyns はこの箇所の ēadig は 'blessed with wealth' と 'blessed by God' の両方を含んでいて 'blessed in a secular sense and in a Christian sense' という意味で 'ambiguous' だと言った。三者三様の反応が得られたことは幸いであり，また興味深いことであった。

刺激的な *Beowulf* 論の著者 Fred C. Robinson はつぎのように言う(*Beowulf and the Appositive Style* [Knoxville, 1985], p. 31)。

The ambiguous poetic words appear to hold in suspension two apposed word meanings because of the double perspective which the poet maintains throughout *Beowulf*. As the poet's distinctive voice interchanges with the voice of his characters, we strongly sense that we are experiencing the narrative simultaneously from the point of view of the pre-Christian characters and from the point of view of the Christian poet, and either of the two senses of ambiguous words seems to be operative, depending on which perspective we adopt.

Robinson の "the poet's artful strategy of using inherent ambiguities in the Christianized Old English vocabulary to present the men of old favorably and yet honestly to a Christian audience" (p. 37)に対して Bruce Mitchell は批判的であり ("1987: Postscript on *Beowulf*", *On Old English: Selected Papers* [Oxford, 1988], p. 46), 当時の audience が homogeneous だったという考えも認めない(p. 41)。ここで扱った ēadig は pre-Christian と Christian の両面を持った ambiguous な語の一つである。たとえ *Beowulf* の作者が ēadig を pre-Christian の意味で使ったとしても, その語に内在する両義性は audience に多様な反応を引き起こしたであろう。Empson の言葉を借りれば, 語の両義性は audience に "room for alternative reactions to the same piece of language" (*Seven Types of Ambiguity*, 3rd ed. [London, 1953], p. 1)を与えたであろう。

9. Malory の言語に見られる曖昧性
―fayne の場合―

ある語に二つ以上の意味がある場合に，どちらの意味に取るべきか，曖昧のままにすべきかということが問題になる。Malory の言語におけるそのような語の中から fayne を取り上げる。Malory のテクストは *The Works of Sir Thomas Malory*, Third Edition, 3 vols., ed. Eugène Vinaver and rev. P. J. C. Field (Oxford, 1990; 以下 *Works* と略記する) を用い，引用文には頁と行を示す。

Middle English Dictionary (以下 *MED* と略記する) の fain, adj. には 1a に 'joyful, happy (about an event, a possession, or the like); pleased, delighted, glad' という意味があり，2a に 'happy, willing or eager (to do something)' という不定詞を伴う用法がある。Fayne には 'gladly, joyfully; willingly, eagerly' の意味の副詞もあるが，1例を除いて wolde を伴っていて曖昧な例はない。

曖昧な場合

ふつうの場合には fayne の解釈に問題はないが，この語が不利な状況で用いられた場合には問題が起こる。*MED* の fain, adj. 2b は 'glad or content under adverse circumstances (to be able to pursue a certain course of action)' で，それに相当する

OED (Second Edition) の fain, *adj*. 2 に *to*-infinitive を伴って 'glad under the circumstances; glad or content to take a certain course in default of opportunity for anything better, or as the lesser of two evils' (*c* 1330-1882; 数字は最初と最後の例の年代を示す) という意味がある。これに続いて *OED* の 2b に "This passes gradually into the sense: Necessitated, obliged" (1513-1884) という説明がある。つまり不利な状況では「他によい方法がないので，止むを得ずこれで満足する」というわけで，結果としては「喜んで」から「止むを得ず」という反対の意味に移ったことになる。Malory の作品には問題になる例が三つある。

最初の例は 31.29 So thes two knyghtes were in grete daungere of their lyves, that they were *fayne* to retourne. で，*MED* の 2b に引用されている。Vinaver 版の Glossary (by G. L. Brook) ではこの例が 'glad, eager' の所に挙げられている。この箇所は T. マロリー作，W. キャクストン編，厨川文夫・圭子訳『アーサー王の死』(ちくま文庫) では「そこで二人の騎士は身の危険を覚え，退却しようと思った」(66頁) と訳されていて，Vinaver 版と同じ解釈である。「退却しようと思った」あるいは「退却したかった」と「退却せざるを得なかった」とは相反するようであるが，fayne には両者を許容する両義性がある。

つぎに 209.23 But sir Gawayne was on the ryght honde and dud what he myght, but there were so many hym agaynste he myght nat helpe there his ferys, but was *fayne* to turne on his horse othir his lyffe muste he lese. は，Vinaver 版の Glossary では 'obliged' の意味の例になっている。ここは「もし馬を引き返さなければ命を失うので，仕方なく馬を引き返した」という

ことで，これを 'glad' と取ることは無理であろう。しかし「仕方なしにではあるが，命を失いたくないのでぜひ馬を引き返したい」という気持ちが，曖昧性のある fayne という語の（意図的ではないかもしれないが）効果的な使用によって表わされている。

荷車の騎士

　MED の fain, 2b に当たる Malory の三つ目の例にはかなり問題がある。それは 1129.31 の例であるが，その実際の状況は，数頁前の 1125.32-1127.20 に述べられている。そこで，やや長くなるが，その部分を引用しておこう。王妃 Guinevere が数名の騎士と共に五月祭の花摘みに出掛けるが，Mellyagaunce に捕えられる。これを知った Lancelot は王妃を救いに行くが，Lancelot の馬は敵の矢で倒される。そこから引用を始める。

　So than they shotte sir Launcelottis horse and smote hym with many arowys. And than sir Launcelot avoyded hys horse and wente on foote, ...

　Than sir Launcelot walked on a whyle, and was sore acombird of hys armoure, hys shylde, and hys speare....

　Than by fortune there cam [by hym] a charyote that cam thydir to feche wood.

　'Say me, carter,' seyde Launcelot, 'what shall I gyff the to suffir me to lepe into the charyote, and that thou wolte brynge me unto a castell within thys two myle?'

　'Thou shalt nat entir into thys c[h]aryot,' seyde the carter, 'for I am sente for to fecche wood.'

'Unto whom?' seyde sir Launcelot.

'Unto my lorde, sir Mellyagaunce,' seyde the carter.

'And with hym wolde I speke,' seyde sir Launcelot.

'Thou shalt nat go with me!' seyde the carter.

Whan sir Launcelot lepe to hym and gaff hym backwarde with hys gauntel⟨o⟩t a reremayne* that he felle to the erthe starke dede, than the tothir carter, hys felow, was aferde and wente to have gone the same way. And than he [cryde],

'Fayre lorde, sauff my lyff, and I shall brynge you where ye woll.'

'Than I charge the,' seyde sir Launcelot, 'that thou dryve me and thys charyote unto sir Mellyagaunce yate.'

'Than lepe ye up into the charyotte,' seyde the carter, 'and ye shall be there anone.'

So the carter drove on a grete walop, and sir Launcelottes hors folowed the charyot, with mo than fourty arowys in hym.

And more than an owre and an halff quene Gwenyver was a-waytyng in a bay-wyndow. Than one of hir ladyes aspyed an armed knyght stondyng in a charyote.

'A! se, madam,' seyde the lady, 'where rydys in a charyot a goodly armed knyght, and we suppose he rydyth unto hangynge.'

'Where?' seyde the quene.

Than she aspyed by his shylde that hit was sir Launcelot, and than was she ware where cam hys horse after the charyotte, and ever he trode hys guttis and hys paunche, undir hys

III. テクストと曖昧性

feete.

'Alas!' seyde the quene, 'now I may preve and se that well ys that creature that hath a trusty frynde. A ha!' seyde quene Gwenyver, 'I se well that ye were harde bestad whan ye ryde in a charyote.' And than she rebuked that lady that lykened sir Launcelot to ryde in a charyote to hangynge: 'Forsothe hit was fowle-mowthed,' seyde the quene, 'and evyll lykened, so for to lyken the moste noble knyght of the worlde unto such a shameful dethe. A! Jesu deffende hym and kepe hym,' seyde the quene, 'frome all myschevous ende!'

(*"Caxton substitutes the normal *cliché*: 'gaf hym suche a buffet' forgetting that Lancelot is not attacking another knight and that a woodman would be unworthy of receiving a knight's 'buffet'." *Works*, p. 1608)

この状況の要約を Malory は 1129.29-31 で,つぎのように Lancelot に報告させている。

And there sir Launcelot tolde them how cowardly and traytously he (=Mellyagaunce) sette archers to sle hys horse, and how he was *fayne* to put hymselff in a charyotte.

この fayne に P. J. C. Field は *Sir Thomas Malory: Le Morte Darthur, the Seventh and Eighth Tales* (London, 1978)では 'compelled' という脚注(p.140)を付けて, Commentary には "*fayne* usually means 'glad', 'eager', but only in the prevailing circumstances. The circumstances that make Lancelot eager to ride in the cart are so peculiar that they change the meaning to 'compelled'" (p. 261)と書いている。厨川訳では「ラーンスロットが何としてでも荷車に乗ってやろうとした」(312頁)となっている。Field の 'compelled' は *MED* の 2b になり，厨川訳は 'eager' に当たるから 2a になる。上に引用した 1125.32-1127.20 を振り返りながら，Malory が実際にその状況をどのように書いているかを見ることにする。

　Lancelot は馬を射られてしまって，馬から降りた。ところが鎧を着ていたり，盾や槍を持ったりしていて，歩いて行くのは大変である。そこへたまたま荷車が来た。それに乗ろうとしたが車夫に拒否され，その荷車は Mellyagaunce の所へ行くのだと言われた。そこで Lancelot は飛びかかって車夫を殺した。もう一人の車夫は，殺されたら大変だというので，仕方なく Lancelot を乗せる。Lancelot は Guinevere の方へ行くが，それを見た Guinevere の侍女の一人が，Lancelot が荷車に乗っているのは，縛り首にされに行くためだと言うと，Guinevere はその侍女を叱る。世界で最も高貴な騎士である Lancelot についてそういうことを言ってはいけないのである。これが荷車の場面の Malory による描写である。この箇所を読み返してから，1129.31 に使われた fayne の解釈について考えると，馬が倒れたから歩かざるを得ないが，鎧や盾や槍が邪魔になる，そこへ荷車が来たので，「止むを得ず荷車に乗った」と解することはできる。しかし車夫を殺してまでも乗ったというのは，「何としてでも乗った」ことになる。つまり fayne には Field の 'compelled' という意味の面も，厨川訳の「何としてでも」という面もあると言うことができる。その意味で，この場合の fayne にも曖昧性がある。

Chrétien と Malory

つぎにこの場面に典拠があったとして,そこから解釈の鍵が得られるかどうかを考えてみたい。Chrétien de Troyes の『ランスロまたは荷車の騎士』(*Le Chevalier de la Charrete*)(『フランス中世文学集 2』白水社,1991 所載の神沢栄三訳)には荷車について,「その頃,荷車は今日の晒し台のように使われており,…罪を犯して捕らえられた者は皆荷車に乗せられて通りを引き回されたのであった。その上社会の除け者となり,宮廷でも相手にされず,もはや尊敬されたり歓待されることもない」と書かれている。その荷車の梶棒についていた小人に Lancelot は王妃の消息を訊ねるが,小人は「手前が曳いているこの荷車にお主が乗る気になったら,王妃がどうなったか,明日までには分かろう」と言ったきり先を急いだ。「騎士はほんの二歩ばかり行く間,荷車に乗ることをためらった。」(以上 15 頁) そのことについて,後に王妃は「何ですって。あなたはあの荷車のことを恥ずかしいとも恐ろしいとも思っていないのですか。あなたが荷車に乗る時,二歩行くほどの時間ためらっておられたのは,荷車にはいやいや乗ったということです。それがあなたに声もかけず,顔も見ようとしなかったまことの理由です」という (90 頁)。荷車の騎士の話の典拠は Chrétien の物語と散文の *Lancelot* にあるが,Malory はそれをかなり変えている (*Works*, pp. 1592-93)。Vinaver は "It is in Malory that a radical change occurs. The dwarf's cart becomes a woodman's cart driven by two men who go to fetch wood for their master, Mellyagaunce, and who offer Lancelot no help. It is he who takes the initiative, stop the cart, savagely attacks and kills one of the men and forces the other to take him to Mellyagaunce's castle, not from a sense of duty towards Guinevere, but because his armour is too heavy and uncomfortable to walk in." (*King Arthur and His Knights: Selected Tales by Sir Thomas Malory* [Oxford, 1956], p. xvi)と説明する。Lancelotは縛り首にされに行くのだと言う侍女をGuinevereは叱るが, Maloryは荷車に乗ることは恥であるとはっきりとは言っていない。またMaloryはLancelotが荷車に乗るのをためらったとも書いていない。それどころか, 車夫を殺してまでも乗った。その限りでは, 1129.31のfayneは厨川訳のように 'eager' と解するのが自然である。因みにHelmut Findeisenの独訳(Caxton版によるがVinaver版と同じである)では "Sir Lanzelot ... erzählte ihnen, ...wie *froh* [=glad] er gewesen war, daß er auf einem Karren fahren konnte." (*Sir Thomas Malory: die Geschichten von König Artus und den Rittern seiner Tafelrunde* [Leipzig, 1977], p. 911)である。しかしいずれかに決めるよりもfayneという曖昧な語が使われたこと自体が興味をそそる事柄である。

(本章は1991年12月1日広島修道大学で開催された日本中世英語英文学会第7回全国大会のシンポジウムにおける発表に基づく拙論 "Ambiguity in Malory's Language with Reference to Lancelot," *Poetica* 37 [1993], 58-64のfayneを扱った部分に手を加えたものである。

拙論の草稿をFieldに送ったところ, 彼は "I don't think you allow sufficiently for the context in which Lancelot uses this word. This isn't Malory narrating the story, but Lancelot summarising it for his friends. For him to say he was "eager" to get into the cart would be a form of boasting— "look I didnt mind hardships at all" or something like that, or even "look how devoted I am to the queen" (which would be absolutely improper), whereas saying he had to or was-glad-under-the-circumstances involves no boasting." と書いて来た。Field の Lancelot 観が現われていて興味深い。)

10. Fair と fæger

"a fair feeld ful of folk"

　古い英語を現代英語に訳す場合には綴り字を現代風にすればすむことが少なくない。見出しに挙げたのは *Piers Plowman* の B-text, *Prologue* の 17 行目(A. V. C. Schmidt, ed., *William Langland, Piers Plowman. A Parallel-Text Edition of A, B, C and Z Versions*, Vol. I. Text [London, 1995] による)であるが，幾つかの現代英語訳では "a fair field full of folk" となっている。これでは現代でも多義的な fair の意味がはっきりしない。Fair の多義性をそのまま受け取ればよいのかもしれないが，J. A. W. Bennett, ed., *Langland, Piers Plowman. The Prologue and Passus I-VII of the B Text* (Oxford, 1972)の注に "*faire*: probably implies *level*. Malory uses it in prose　dialogue ('on a fayre fylde I shall yelde him my trewage' — i. e. on a battlefield duly chosen (*Works*, ed. Vinaver, p. 48, l. 24)).'Faȝerfelde' occurs as a place-name in Derbys., Yorks..., and doubtless elsewhere." (p. 83)とあるのを読むと，事柄は単純ではない。

　日本語訳を見ると，生地竹郎 (1974)，柴田忠作 (1981)，池上忠弘 (1993) 訳は Bennett 版以後のもので，すべて「平らな野原」となっている。池上訳には「ベネットの読みに従った。

従来の解釈は「美しい野原」である」という訳註がある。手元にある限りでは fair についての注が付いているのは Bennett 版のみである。現代英語訳を見ると，W. W. Skeat (1905), H. W. Wells (1935), E. T. Donaldson (1990), F. D. Covella (1992) の訳は 'a fair field' であるから，これだけでは解釈はわからない。「従来の解釈は「美しい野原」である」ということであるが，実際には Bennett 以前でも J. F. Goodridge (Penguin Classics, 1959, rev. ed., 1966) は 'a smooth plain' と訳し，Bennett 以後でも A. V. C. Schmidt (The World's Classics, 1992) は 'a beautiful field' と訳している。Schmidt 版の第2巻 (Textual Notes, Interpretative Commentary, Glossary) の刊行が待たれる。ついでながら Heinz Bergner, ed., *Die englische Literatur in Text und Darstellung,* I. *Mittelalter* (Reclam, 1986) のドイツ語訳は 'eine liebliche Ebene' (a lovely *or* pleasing plain) となっている。この本の参考文献の中には Bennett 版は入っていない。

Fairfield

つぎに Bennett が挙げている地名を調べると，Eilert Ekwall, ed., *The Concise Oxford Dictionary of English Place-Names* (4th ed., 1960) では Derbyshire と Kent の Fairfield は 'Beautiful FIELD' と説明されている。Kenneth Cameron (*English Place-Names*, 3rd ed. [London, 1977], p. 193) も Derbyshire の Fairfield の fair を 'beautiful' と解釈し，John Field (*Discovering Place-Names: Their Origins and Meanings*, 3rd ed. [Princes Risborough, Bucks., 1994], p. 23) は "**Fairfield** (Db) means 'fine stretch of open country'." と言う。Margaret Gelling,

Place-Names in the Landscape: The Geographical Roots of Britain's Place-Names (London, 1984; pb., 1993) の Glossarial Index には "Fairfield DRB, KNT 'fair open land'" とある。本文に "**feld** OE 'open country'. The word is used in literary texts to describe unencumbered ground, which might be land without trees as opposed to forest, level ground as opposed to hills, or land without building.... It seems likely that *feld* came to mean arable land...in the second half of the 10th century.... Ælfric's colloquies...include a statement by a ploughman that he drives his oxen 'to felda' at dawn,..." 以下の解説 (pp. 235-45) があり, Derbyshire については "Most DRB examples are in the northern half of the county. Fairfield near Buxton has been described by Professor Cameron as 'the finest pasturage in Peak Forest'." (pp. 240-1) と記されている。このような説明を読むと Bennett の解釈には再考の余地がある。勿論 *Piers Plowman* の fair field は現実の風景ではない (*Matt*. 13.38: The field is the world.)。5月のある朝詩人は Malvern Hills で旅の疲れで横になり, 眠っている間に夢を見る。「どこだかわからないが荒野にいた」(I was in a wildernesse, wiste I neuere where.) (12行)。Bennett は "despite the (conventional) disavowal of l. 12, the poet certainly did not take the setting for his 'sleeping' at random. The Malvern Hills give an unsurpassed panorama, and the spacious setting prepares us for the range and scope of the ensuing visions." (p. 81) と注記している。現実の Malvern Hills は Hereford and Worcester の丘陵で, その南方には Cotswold Hills がある。Malvern Hills の眺めはマーガレット・ドラブル『風景のイギリス文学』(研究社) のカラー写真で見ら

れ,「ここほどイングランド的なところはイングランドにはないし, ここほど美しいところも少ない」(36頁)という言葉が引用されている。(1996年の夏オックスフォードの Godden 教授のお宅で夕食の時に出されたミネラルウォーターの名前がMalvern だったことから fair の意味を聞くと, 'beautiful'だろうと答えた。その後 Malvern Hills を訪れて, 岡の上から美しい眺めを楽しんだ。)

MED と *OED*

ここで本題に戻って, Bennett が注で fair について 'means' ではなく 'implies' と言っていることに注目したい。Bennett は fair に 'level' という意味をはっきりと認めているのではなく, その「含意」があると言っているのである。辞書に 'level' に相当する意味があるかどうかを確かめるために, *MED* と *OED* の fair の項を見ておきたい。

MED の fair, adj. には *Piers Plowman* からの用例は一つもない。意味は 1a が 'pleasing to the sight; good to look upon; beautiful, handsome, attractive' で, 以下細分されているが, 'level' に相当するものはなく, 14.(b) 'clear, unobstructed, good (path, road)' がこれに近いと言うことはできる。そこには a1325 (c1250) *Genesis & Exodus* と (a1398) Trevisa (*MED* の年代は写本の年代で括弧内は制作年代) からの 'way' について使われた例が挙げられている。

つぎに *OED* の fair, *adj.* を見ると, I が 'Beautiful' で, 1. 'Beautiful to the eye; of pleasing form or appearance; good-looking' 以下の詳しい記載があるが, *Piers Plowman* の例は一

つで今問題の箇所ではない。*OED* にも 'level' の意味はなく, *MED* 14 と同様の IV. 'Favourable; benign; unobstructed' の中に 16. 'Free from obstacles; unobstructed, open' があって, 'a fair way; a fair view' のような例が挙げられている。最初の例は 1523 年のものであるが, *MED* によれば約 2 世紀遡らせることができる。

　MED と *OED* の fair に 'level' の意味がないということは, それが独立した意味ではなく, Bennett の 'implies' という説明が示唆するように, コンテクストにおける「含意」だからである。その場所が実際に「平らな野原」であったとしても, 他の語でなく fair が選ばれたのは, 頭韻のためであることは勿論である。J. P. Oakden, *Alliterative Poetry in Middle English*, II (1935; repr. Hamden, Conn., 1968), p. 281 によれば, felde full of folke という頭韻句は *The Wars of Alexander* の 3048 行にもある (H. N. Duggan and Thorlac Turville-Petre 版 [EETS. SS. 10, 1989] では 3175 行: And all þe fild full of folke fyue mile large.)。もし a fair field が常套句ならば, fair には大した意味はないので, ただ「美しい」と取ればよいだろう。またもし fair が意図的に選ばれたとしても, 語としての意味は 'pleasing to the sight, beautiful' であって,「平らな」では fair を用いた詩人の意図は伝わらない。現代英語訳の場合には fair のままですますことができるが, 日本語に訳す場合には, できるだけ fair と等価な語を使うことが望ましい。従って「遮るもののない, 平らな」という含みがあったとしても, 訳語としては「美しい」が適切であろう。

　最後に, 頭韻詩ではないが *MED*, plain(e, adj. 1a. (a) 'Flat, level, even' にある c1330 *Sir Orfeo* 31/353 の例を, 辞書の引用

では不十分なので完全な形で引用する。

> He com in-to a fair cuntray,
> As briʒt so sonne on somers day,
> Smoþe & plain & al grene
> ―Hille no dale nas þer non y-sene. (351-54)
> (He came into a fair country,
> As bright as sun on summer's day,
> Smooth and plain and all green
> ―Neither hill nor dale was there seen.)

テクストは A. J. Bliss, ed., *Sir Orfeo* (Oxford, 1954) で，グロッサリーの fair, *adj.* には 'beautiful, pleasant' という訳語が与えられている。始めに「美しい国」と言って，後で「なめらかで，平らで，丘も谷もない」と具体的に描写している。この場合は，理屈を付ければ，「平らだから美しい」ので，Langland の a fair field も表現としては「美しい野原」であるが，その条件として「遮るものがない，平らな」ことが含意されていると考えることはできるだろう。

"where the paths seemed fair"

Beowulf が Grendel の腕をもぎ取った後にその住処である湖を訪れた帰り道で，Hrothgar の家来達が馬を競って走らせる場面がつぎのように語られている（引用は Klaeber 版からで，現代語訳は E. T. Donaldson による）。

Hwīlum heaþorōfe   hlēapan lēton,
on geflit faran   fealwe mēaras,
ðǣr him foldwegas   *fægere* þūhton,
cystum cūþe.   (*Beowulf* 864-67)
(At times battle-famed men let their
brown horses gallop, let them race
where the paths seemed fair,
known for their excellence.)

 Wyatt & Chambers (1914), Sedgefield (1935³), Klaeber (1950³), Wrenn (1953), Wrenn & Bolton (1973) のグロッサリーでは fæger 'fair, beautiful' であり，Heyne (1879⁴) に基づく Harrison & Sharp (1894⁴) では 'beautiful, lovely' である。Heyne (1879⁴) を Socin と Schücking が改訂し，それをさらに改訂した von Schaubert 版 (1958) のグロッサリー(1961)では 'schön, lieblich' (beautiful, lovely) であり，C. W. M. Grein, *Sprachschatz der angelsächsischen Dichter*, rev. J. J. Köhler (Heidelberg, 1912) でも同様である。これに対して，Nickel のグロッサリー (1982) では 'schön, geeignet' である。Nickel 訳 (1976) は 'wo ihnen die Wege (dazu) geeignet erschienen' (where the ways [to it] seemed suitable) なので，グロッサリーの 'geeignet' はこの箇所によるものであろう。

 現代英語訳では 'fair' が多く，Thorpe (1855), Earle(1892), Gummere (1909), Crawford (1926), Gordon (1926), Garmonsway & Simpson (1968), Haley (1978), Swanton (1978), Osborn (1983), Hudson (1990), Risden (1994) がそうであり，Moncrieff (1921) と Kennedy (1940) は 'fairest' と最上級で

訳す。Morgan (1952) の 'pleasant' と Bradley (1982)の 'agreeable'は「馬を走らせるのに適した」という文脈を意識している。Clark Hall (1950), Wright (1957), Donaldson (1966), Crossley-Holland (1968) は文脈に合うように 'suitable' と訳し、Genzmer (1953), Nickel (1976) のドイツ語訳 'geeignet' はこれに相当する。馬を走らせる道は平坦なのがよいので、Gerould (1929) は 'smooth', Porter (1984) は 'smooth and level', Lehmann (1988)は 'smoother' と訳す。Chickering (1977)の 'straight and firm', Greenfield (1982) の 'fair and passable', Huppé(1987)の 'fair and good' のような工夫もあれば、Hieatt (1983) の 'good', Koziol (1979)の 'gut' のような簡単な意訳もある。

手元にある日本語訳を見ると、厨川文夫 (1941)「麗しう」、長埜 盛(1970)「うるわしく」、大場啓蔵(1978)「ふさわしく」、羽染竹一 (1985)「見事に」、忍足欣四郎 (1990)「平らか」、苅部恒徳 (1990)「美しい」、長谷川寛 (1990)「適いたる」、山口秀夫 (1995)「美しい」で、忍足訳のみが「平らか」である。*Piers Plowman* の fair と同様に、ここでも fæger の意味は 'fair, beautiful' で、「平らな」はコンテクストによる含意である。「平ら」だから馬を走らせるのに「ふさわしく」、そのような道は「美しい」。

辞書で fæger を見ると、Bosworth and Toller, *Anglo-Saxon Dictionary* では 'FAIR, beautiful, joyous, pleasant, pleasing, sweet' と訳語が並んでいるだけだが、*Supplement* では 'I. beautiful to the eye.... VI. fair, not disturbed, not stormy' と区分されている。しかし問題の箇所は引用されていない。*OED*, fair I. 1. 'Beautiful...' の f. 'of inanimate things' に *Beowulf* 773

行の fæger foldbold (fair earth-dwelling) があるが, IV. 16 'Free from obstacles; unobstructed, open' の最初の例は 1523 年の "The waye is lyke to be fayre and drye." で, 1665 年には "His horse stumbling in a very fair way." という例もある。先に見たように, *MED* には 'unobstructed...' の例は 13 世紀からある。本章で取り上げた *Beowulf* の例を考慮すれば, 辞書の語義区分とし 'unobstructed...' を認めるのなら, *Beowulf* 866 行の例を最初のものとしてもよいであろう。ただしここで断っておかなければならないのは, 語の意味は本来分割できないということである。Fair はどこで使われても本来の「美しい」という意味を持っている。それが比喩的に使われたり文脈に影響されたりして, 新たな意味を生ずる。グロッサリーは語の全体よりは文脈の意味や含意を示し, 辞書は細かい意味区分や語法の区分を記載しているので注意しなければならない。

(本章は 1996 年 6 月 29 日立教大学で開催された日本中世英語英文学会東支部第 12 回研究発表会における発表に基づいている。)

11. 修辞・多義・廃用－þurfan の場合

Chaucer の *The Reeve's Tale* の終わりで，Reeve が

"Hym *thar nat wene* wel that yvele dooth." (A. Rv. 4320)

という諺を引用している。これは *The Riverside Chaucer* の脚注で "One who does evil should not (literally, need not) expect good." と説明されているが，Explanatory Notes (p. 852) では "He that does evil need not expect well." と訳されている。Norman Davis, et al., *A Chaucer Glossary*, s. v. thar には "*pr. 3 sg. impers*. it is necessary: (with dat. pron.) *the/him* ～ you/he need, must" という説明に続いて，13 例すべての行数のみならず，emendation や variant の一部まで示されている。それらが修辞疑問の 1 例 (what thar thee recche or care...? D. WB. 329) を除いてすべて否定文であることは注意すべきである。脚注の趣旨は，文字通りには "need not" だが，"should not" の意味の婉曲的表現 (understatement または "litotes") と解釈できるということだろう。*The Reeve's Tale* の諺は *The Oxford Dictionary of English Proverbs*. Third edition, revised by F. P. Wilson (1970) における "He that does evil, never weens good." (p. 194; この辞書の見出しの形には thar は用いられていない) の初出例である。しかし "thar nat wenen" のような表

現は Chaucer あるいは中英語に始まったものではない。以下，thar（不定詞は古英語 þurfan，中英語 thurven）を中心に，修辞・多義・廃用について考えてみたい。

古英詩における understatement

Beowulf において殺戮者 Grendel から，いかなる賢人も償いを期待できなかったことを，詩人は次のように述べている。

ne þær nænig witena   *wenan þorfte*
beorhtre bote   to banan folmum; (157-58 [Klaeber])
(no counselor there had any reason to expect splendid repayment at the hands of the slayer. [Donaldson])

Ne wenan þearf は古英詩にしばしば見られる "formulaic" (Hiroshi Ogawa, *Old English Modal Verbs: A Syntactical Study* [Copenhagen, 1989], pp. 49 and 298; André Tellier, *Les Verbes perfecto-présents et les Auxiliaires de mode en Anglais ancien* [Paris, 1962], p. 103 をも参照）とも言える表現であるが，文字通りの意味は「期待する必要はなかった」であって，「期待する理由はなかった」あるいは「期待できなかった」ということの婉曲的表現であろう。古英語全体を通じて，þurfan は wenan 以外の動詞にも用いられたが，少数の修辞疑問を除いて，殆どすべての場合に否定詞を伴っている。これらの点で *Beowulf* の例は先に挙げた Chaucer の例と類似している。

Frederick Bracher は "Understatement in Old English Poetry" (*PMLA*, 52 [1937], 915-34; rpt. in J. B. Bessinger, Jr. and S. J.

Kahrl, eds., *Essential Articles for the Study of Old English Poetry* [Hamden, Connecticut, 1968], 228-54) において understatement を詳しく扱い，それが古ゲルマン詩共通の特徴であると言っている。Bracher が挙げている例には þurfan がしばしば現われる。

   Ne huru Hildeburh   *herian þorfte*
Eotena treowe; (*Beowulf* 1071-72a)
(And no need had Hildeburh to praise the good faith of the Jutes: [Donaldson])

兄と息子を失った Hildeburh にはジュート人の信義を称えるいわれは全くない。これも understatement の1例である (cf. G. A. Lester, *The Language of Old and Middle English Poetry* [London, 1996], pp. 85-86)。

主君 Beowulf を見捨てて森に逃げた家臣たちが戻って来た時に，ただ1人留まっていた Wiglaf はこう言う。

Nealles folccyning   fyrdgesteallum
gylpan þorfte; (*Beowulf* 2873-74a)
(The folk-king had no need to boast of his war-comrades. [Donaldson])

同様な例を挙げれば，*The Battle of Brunanburh* で敗残の老兵について語り手は，

hreman ne þorfte

mæca gemanan: (39b-40a [Dobbie])
(he had no need to exult in the meeting of swords)

Gelpan ne þorfte
beorn blandenfeax   bilgeslehtes, (44b-45)
(The grey-haired man had no need to boast about the battle)

mid heora herelafum   *hlehhan ne þorftun,* (47)
(they had no need to laugh with their remnant)

のように言う。これらは文字通りには「喜ぶ [自慢する，笑う] 必要がなかった」であるが，"had no cause or reason to exult (boast, laugh)" と訳してもなお，その反対概念の否定による understatement と考えられる。

Katie Wales は *A Dictionary of Stylistics* (London & N. Y., 1989) で litotes, also meiosis を "From Gk 'small' or 'meagre', a rhetorical figure or trope common in ordinary speech which depends on understatement for its effect. It is thus the opposite of hyperbole (q. v.) or overstatement." と定義し，古英詩に言及して，"In appropriate contexts, where speaker and listener are aware of the discrepancy between literal phrasing and actuality, litotes is often used in irony. It is a characteristic device of Old English poetry: the narrator of *the Battle of Brunnanburh* [*sic*], for instance, tells us that the Vikings *had no cause to exult* at the result of the battle; they had every reason to weep, in fact, since they were defeated." と説明している。*The Battle of Brunanburh* の例は上に挙げたものを指すのであろう。

The Battle of Brunanburh 47行には hlehhan ne þorftun "had no need to laugh" が見られるが, Laura Ruth McCord, *A Study of the Meanings of 'Hliehhan' and 'Hleahtor' in Old English Literature* (University of Missouri-Columbia diss., 1979), p. 24 によれば, ne þorfton hliehhan という litotes としての動詞句は古英詩に 5 例ある。

              Heo on wrace syððan
seomodon swearte,   siðe *ne þorfton*
hlude *hlihhan,* (*Genesis A* 71b-73a [Krapp])
(They hovered dark (*or* darkly) in torment afterwards, had no need to laugh aloud on account of that journey. [Doane])

もその例であるが, この「旅」とは「天国」から「地獄」への悪魔達の "fall"「墜落」である。そこで否定される「笑い」は, *The Battle of Brunanburh* の場合と同様に, "ignominious defeat" を示す "inverted" な「笑い」である (cf. T. A. Shippey, " 'Grim Wordplay': Folly and Wisdom in Anglo-Saxon Humor," in Jonathan Wilcox, ed., *Humour in Anglo-Saxon Literature* [Cambridge, 2000], pp. 35 and 38)。このように古英詩には ironical な understatement がしばしば用いられ, þurfan の使い方にもそれが現われている。

多義性

John R. Clark Hall, *A Concise Anglo-Saxon Dictionary*, Fourth Edition with a Supplement by Herbert D. Meritt.

11. 修辞・多義・廃用—þurfan の場合　197

(Cambridge, 1960) の þurfan の項には "to need, be required: must, have occasion to, CP: want, be needy: be under an obligation, owe" という訳語が並んでいる。Bosworth and Toller, *Anglo-Saxon Dictionary* にも "to need, to be bound, shall, to have good cause or reason" などがある。need, must, shall などがあるのを見ると，þurfan が実際には "need" という根底的な意味をもっているにもかかわらず，様々な文脈で，また上述したように修辞的に用いられて，多義語的様相を呈しているかに見える。例えば *The Pastoral Care* (EETS. OS. 45 & 50, ed. Henry Sweet) において，

36. 19-22: He..forgit his selfes, ðonne he swiður his mod gebint to ðæm unnyttan weorcum ðonne he *ðyrfe*.
(He..forgets himself, when he occupies his mind with the useless works more than he ought. [Sweet])

の直前に

36. 17-18: ða fæstrædnesse þe he mid ryhte on him innan habban *sceolde*. (the firmness which he ought properly to have within him. [Sweet])

という表現があり，Sweet は þyrfe と sceolde を共に ought と訳している。Tellier (*Les Verbes perfecto-présents*, p. 114) はこのことから，þurfan と sculan は否定の場合には意味が異なるが，上例のような場合には þurfan は sculan と同義語として，文体的なヴァリエーションになり得ると言っている ("On voit néanmoins que þurfan est apte à servir de synonyme à sculan ce qui permet des *variations qui sont très souvent d'ordre stylistique.''* [イタリック体原著者])。

すでに古英語時代から þurfan は殆ど否定的文脈または修辞疑問に限られていたが，この事情は中英語でも変わらないだけでなく，語自体の頻度が少なくなった。例えば *Ancrene Wisse* では 11 例，Gower, *Confessio Amantis* では 3 例，Langland, *Piers the Plowman* と *Sir Gawain and the Green Knight* ではそれぞれ 1 例であり，Chaucer では 13 例である。

OED には，"† tharf, thar, *v. Obs.* exc. *Sc. dial.*" に続いて屈折の記載は非常に詳しいが，意味は簡単で，"1. *intr.* To be under a necessity or obligation (*to do* something): = NEED *v.*² 6, 8. 2. *impersonally.* It needs, there is need, it is needful [= L. *opus est,* Gr. δεῖ]. Const. *dat.* of person and *inf*. a. without subject *it*. b. with subject *it. rare.*" とあるだけである。引用例は，条件節の 1 例を除いて，すべて否定詞を伴っている。

OED の意味記載が単純で，"necessity" と "obligation" を纏めているのに対して，*MED* の thurven では八つに区分している。以下 *Ancrene Riwle* から 2a, 3a, 4a の三つの項に入れられている例を挙げてみよう。

2a. As modal auxiliary expressing necessity: to need (to do sth., to be in a certain state, etc.), have good reason, have cause; also, would need (to do sth.);–usu. in negative contexts.

c1230 (?a1200) *Ancr.* 117/14: Na deofles puf *ne þurue* ȝe [Cleo: þurðe ȝe] *dreden*, bute þet him falsi. (You need not fear any devil's blast, except the lime fail.)

3a. As modal auxiliary expressing necessity contingent on the action in a conditional, hypothetical, or concessive clause: to need (to do sth., to be in a certain state), will need; shall (do sth., etc.): (a) present forms, usu. in negative contexts; also, in rhetorical question in positive context.

   Ancr. 71/20: Habbe þu þes stan inwið þi breoste þer godes nest is, *ne þearf* þu [Nero: ðer tu; Cleo: þarf þu] noht *dreden* þe attri neddre of helle. (Keep the stone within your breast, where God's nest is, and you need not fear the venomous adder of hell.)

4a. As modal auxiliary expressing obligation based on duty, superior authority, divine law, etc.: to be obliged (to do sth., to be in a certain state, etc.), be duty-bound, have; must (do sth.).

   Ancr. 7/2: Ah alle ne mahe nawt halden a riwle, ne *ne þurue* nawt ne ne ahe nawt *halden* on a wise þe uttre riwle. (But all men cannot keep one rule, nor need nor ought to keep in one way the outer rule.)

　これらの定義は肯定の場合には問題がない。「…する必要がある」と「…しなければならない」とは同義的と考えられるので，肯定の場合は thurven の訳語に shall や must があってもよいからである。しかし否定の場合は問題である。þurven (need, have to) の否定は助動詞否定 (auxiliary negation) で，「…する必要はない」であるのに対して，shall (should), must の否定は本動詞否定 (main verb negation) で，「…してはならない」になるからである (cf. Tellier, *Les Verbes perfecto-présents,* p. 153)。*MED* 4a に挙げられた例はすべて否定詞を伴っ

ているので，定義の最後の "must" は適切ではない。次に挙げる 4a の最初の例についても同様である。

c1175 (?OE) *Bod. Hom.* 70/30: Ðe restandæʒ ..we *ne ðurfon* na leng lichamlice *haldæn*, ac on ure lifes ðeawum, on gastlice andʒite & on gode weorcum. (The Sabbath..we need keep it no longer bodily, but in our ways of life, in the spiritual sense and in good deeds.)

次に挙げるのは *MED* thurven 6a の定義と例である。
6a. As modal auxiliary expressing what is fitting, right, or proper: should (do sth., believe sth., etc.); ought (to do sth., etc.): (a) present form; —used in negative contexts [sometimes difficult to distinguish from sense 2a.(a)].

c1225 (?c1220) *St. Kath.* (*1*) (Roy) 61/536: Her þu wenest ʒet þet tu *ne wenen þerf,* þet godd..þolede pine oðer passium oþe deore rode, onont þet he godd wes. (Here you suppose still that you need not suppose that God..endured pain or passion on the dear cross in so far as he was God.)
Ancr. 163/29: I schrift..Me [Tit: Mon] *ne þearf* nawt nempnin þet fule dede bi his ahne fule nome..(In confession..the foul deed need not be named by its own foul name..)

6a の最後の例 "a1500 *Wast bryngyth* st.63: Who so doyþ euell *not* wele *þar wene.*" は人称構文であるが，冒頭に挙げた *The Reeve's Tale* の諺に似ている。*MED* thurven 6b は非人称の場合で，次のような記載があって，その例の中に *The Reeve's*

Tale の諺が引用されている。

6b. *Impers. thare* with inf. and indirect obj., it is fitting, right, or proper for (sb. to do sth.), it behooves; —usu. in negative contexts.

(c1390) Chaucer *CT. Rv.* A. 4320: This prouerbe is seyd ful sooth, Hym *thar nat wene* wel that yuele dooth.

6a に [sometimes difficult to distinguish from sense 2a. (a)] という注があるが，初めに挙げた *The Reeve's Tale* の脚注にあるように，文字通りには "need not" であって，6a の意味は文脈による修辞的な含意で，understatement と考えられる。

7a は多少異なるが，ここにも 2a と区別し難い時があると注記されているように，"need" でよい場合が多い。

7a. As modal auxiliary expressing possibility: to have occasion (to do sth., to be in a certain state, etc.), have the opportunity, be able; may (do sth., etc), can, could;—freq. in negative contexts and often used with reduced semantic force with comparatives [sometimes difficult to distinguish from sense 2a.].

c1175 (?OE) *Bod. Hom.* 102/6: He beodeþ his englum bi þe þæt heo þe on heoræ handen habbæð þæt ðin fot *ne ðurfe* forðon æt stane *spurnen*. (He commands his angels concerning you, that they shall bear you in their hands, that your foot need not therefore strike on a stone.)

c1440 (a1350) *Isumb.* 26: Als fayre a lady to wyefe had he Als any erthly mane *thurte see*. (この *Sir Isumbras* のテキストは J. O. Halliwell, ed., *The Thornton Romances*. The Camden Society [1844] で，その Glossarial notes に "*Thurte*.—

Need. Præt. of *thare,* to need." と記されている。しかし Maldwyn Mills, ed., *Six Middle English Romances*. Everyman's University Library [1973] のテクスト [BL. Cotton Caligula A. ii] では, "A fayre wyfe then hadde he, As any in erthe myghte be:" で, "myghte" が使われている。)

MED で語義区分されている 4a, 7a の *Bod. Hom.* と 6a. *St. Kath.* の例は EETS 版の glossary では, "(to) need" とあるだけである (*Old English Homilies from MS Bodley 343*. EETS. OS. 302 [1993], ed. Susan Irvine; *Seinte Katerine*, EETS. SS. 7 [1981], ed. S. R. T. O. d'Ardenne and E. J. Dobson)。

以上述べたように, thurven はいずれの場合にも "need" の意味にとることができるのであって, *MED* の区分は意味よりも文脈による含意であると言ってよいであろう。*OED* と *MED* の扱い方の相違は, 前者が歴史的辞書, 後者が時代別辞書であることの他に, この語が（後に述べるように）標準語の歴史においてあまり重要でないということもあるかもしれない。

廃　用

OED †tharf, thar には "*Obs.* exc. *Sc. dial.*" と注記され, dare との混同 (confusion) の例も挙げられている。F. Th. Visser (*An Historical Syntax of the English Language*, III, 1st half [Leiden, 1969], p. 1423) は "This confusion of homonyms may have been the cause of the eventual obsolescence of the construction *þurfen*+infinitive, and its replacement by *need*+infinitive, which took place before the end of the 15th century.

The quotation from Jamieson's Dictionary below shows that it survived in Scottish." と述べている。A. R. Warner (*English Auxiliaries: Structure and History* [Cambridge, 1993], p. 144) の "The fact that *þarf* 'need' becomes more typical of northern dialects in late Middle English and does not survive into Standard English, perhaps because of its attested confusion with DARE (see *OED Tharf, v.; MED durren* v. 2)." もほぼ同じ趣旨である。要約すれば，tharf が後期中英語の間に北部方言以外では少なくなって，標準英語には残らなかったが，dare との混同がその一つの原因だっただろうということである。Dare との混同について一つの参考になるのは *MED* thurven の 8 である。

8. As modal auxiliary expressing volition, determination, free choice, etc.: to have the will (to do sth.), be willing; venture (to do sth.), have the courage, dare;—usu. in negative contexts;.. [many quots. in 8. show confusion with, or influence from, *durren* v.] .

 c1300 *SLeg.* (Hrl) 521/193: Clement..þerftou [Ld: darstþov] þi moder pulte? Cri hire merci. (Clement do you dare to strike your mother? Cry her mercy.)

 Dare と thar の混同は Chaucer の異文にも多く見られ，例を挙げるまでもない。それが thar の廃用および need の台頭の重要な原因であったことは否定できない。しかしその他にも考えるべきことがあるように思う。*MED* における thurven と nēden の扱い方を比較すると，著しい相違があることに気付く。すでに見たように *MED* では thurven は八つの意味に区分され

ている。それに対して nēden では僅かに二つである。しかも thurven では曖昧な場合があることが認められているのに対して，nēden の意味は明晰である。先に述べたように，すでに古英語で þurfan は殆ど否定と修辞疑問に限られ，その上 understatement に用いられることが少なくなかった。*MED* に見られる多義性は，一つには古英語以来の修辞的用法に起因すると考えられる。そして早くから用法が限定され，しかも曖昧性を持つ þurfan が廃れたのに対して，古英語では稀だった（*OED* [OE. *nēodian* (rare),..]）が意味は明晰な need が台頭したことは十分に考えられる。

以上述べたことの趣旨は第一に，þurfan のような "modal" な語は，「…すべきではない」ということを「…する必要はない」というように婉曲的に用いられることがあって，それが慣用になると，多義的になり，曖昧性を生じ得ることであり，第二に，þurfan の廃用には，語形や語義の混同，用法の限定，地域的限定，その他様々な原因があるであろうが，修辞的用法から生じたと考えられる多義性または曖昧性もその一つになり得たのではないかということである。

［付記］

The Battle of Maldon 30 行に現われる *motan (most) の解釈はしばしば問題にされる所である。

Me sendon to þe   sæmen snelle,
heton ðe secgan   þæt þu *most* sendan raðe
beagas wið gebeorge...(29-31a)
(The bold seamen sent me to you, told me to tell you have our

permission to send quickly rings for your defence... [Shippey])

ヴァイキングの使者がエセックスの太守 Byrhtnoð に向かって，宝環と引き換えに安泰を保障すると言う所である。Bruce Mitchell (*Old English Syntax*. 2 vols. [Oxford, 1985], I, 424-25) は "—at first sight a clear example of *motan = 'must'—may in view of the context be ironical— 'you have our gracious permission to'..." と述べている。T. A. Shippey (" 'Grim Wordplay' " in Wilcox, ed., *Humour in Anglo-Saxon Literature*, p. 46) は " 'Have our permission' has a drawled insolence implying that surrender is a favor that may be withdrawn. Most modern translations simply assume that the messenger is saying 'you must send...' (which would be *þu scealt sendan*), as so often accepting the direct modern *facilior lectio*." と言って，現代の訳者達が見過ごしているユーモア（アイロニー）を読み取っている。この Mitchell や Shippey の読みは正しいであろう。しかしこのような修辞的用法が可能だったのは，後期古英語が *motanの "to be permitted" から "to be obliged" への移行の初期段階であって，多義性，曖昧性が生じ得たからだと考えられる。本章については þurfan に話題を限定したが，その他の法(助)動詞についても，少なくともその用法の一部に関しては，同様の観点を加えて再考する余地があるであろう。

IV　日本の英語学とフィロロジー

12. 英語学の成立

英語学は成立したか

　『英語青年』に寄稿した論文を集めて大正元年（1912）に出版された市河三喜著『英文法研究』によって日本の本格的な英語学研究が始まったと言われる。斎藤秀三郎に代表されるそれ以前の文法が実用的であったのに対して，文法研究が科学的つまり言語学的になったというのである。この定説をそのまま認めるだけならば，大塚高信氏の「本邦英語学研究小史」（『英語学論考』(1949)），同氏の「英文法」（『日本の英学100年　大正編』(1968)），あるいは昨年復刊された福原麟太郎氏の『日本の英語』(1958)（因に本書は簡潔な英学史の他に英文学界，殊に英語教育に関する遠慮ない発言を含む快著である）などに読者を案内すれば事足りるかもしれない。しかし『英文法研究』と「英語学の成立」との関係はそれほど単純なものではなく，「英語学」とは何か，「成立」とは何かということから考え直さなければならない。

『英文法研究』の意味

　興味深いことに，「英語学界に一つのepochを劃した」（大

塚「小史」)と言われた『英文法研究』には「英語研究」という言葉はあるが,「英語学」という言葉は使われていない。著者の意図は恩師 John Lawrence から学んだ「英語の『新しき』研究法の一斑を紹介」することであった。大塚氏の指摘するように,その点では独創性の多いものではないが,「用例はすべて first-hand に集めたもの」(「英文法」)であるということに本書の永続的な価値がある。それは著者が若き日に博物学に熱中したことに由来するのであろう。その実物採集の資質と実証的態度はやがて『聖書の英語』(1937),『英語引用句辞典』(*The Kenkyusha Dictionary of English Quotations*, 1952) 及び『英語イディオム辞典』(*The Kenkyusha Dictionary of Current English Idioms*, 1964) などに結実して我々を裨益することになった。これらの基盤となったのは膨大な英文学作品の耽読である。それのみならず『英文法研究』の著者は岡倉由三郎と共に研究社英文学叢書の主幹となり,自らも Shalespeare 劇 11 編をはじめ幾つかの作品の注釈の筆を執った。このように当時の語学は文学と密接な関係を保っていた。

　処女作を上梓した翌月,著者は帰国後の東大助教授の地位を約束されて,日本における英語学の基礎を築くべく,英国留学の途に就いた。従って『英文法研究』は著者自身の出発点であって,日本の英語学を成立させたと言うよりは,一つの新しい研究法を紹介した画期的な書物と言うべきものであろう。

John Lawrence と英国の学風

　『英文法研究』に序文を寄せた John Lawrence (1850-1916) は明治 39 年 (1906) から大正 5 年 (1916) に病没するまで,

12. 英語学の成立 211

東京帝国大学文科大学教師として英語英文学を教えたほか，セミナーを設けて英語以外にラテン語，ギリシア語，ゴート語，アイスランド語などの指導をした。その門下には市河三喜，齋藤勇，土居光知などがいる。東京帝国大学文科大学に英文学科が設けられたのは明治20年（1887）で，Lawrence 以前には Lafcadio Hearn（明治29-36年在任）も教えており，Lawrence 在任中には Arthur Lloyd（36-44），夏目金之助［漱石］（36-40），上田敏（36-42），松浦一（44-大正14）が講師を務めていた。

Lawrence はロンドン大学とオックスフォード大学に学び，*Chapters on Alliterative Verse*（1893）によってロンドン大学から DLitt を得た。来日前1901年から1906年までロンドンの Bedford College for Women で英語英文学の講師を務め，University College でも講義をした。University College では，大塚氏（「小史」）が「Lawrence 氏の友人であり英語学と英文学の違こそあれ彼と学風を同じくした」と言う W. P. Ker（1855-1923）が1889年から1922年まで Quain Professor of English であった。1900年10月末にロンドンに着いた夏目漱石の日記に「Ker ノ lecture ヲ聞ク」（11月13日），「Ker ノ講義ヲ聞ク面白カリシ」（11月21日）とあるが，翌22日に Craig に会い，以後その指導を受けている。Ker は碩学として知られるが，主な関心は中世ヨーロッパ文学にあった。市河博士の留学当時も Ker は上記の教授職にあった。ロンドン大学 King's College には中世英文学者 Sir Israel Gollancz がおり，オックスフォード大学では『英文法研究』刊行の年に Henry Sweet が亡くなり，アングロサクソン学者 Arthur Napier，比較言語学者 Joseph Wright，初代英文学教授 Sir Walter Raleigh 等が教鞭を執って

いた。

市河博士と留学

『英文法研究』の序文によると，Lawrence の教えによって当時著者が近づき得た文法家はオランダの Stoffel，デンマークの Jespersen，ノルウェイの Storm 等であり，Lawrence が寄せた序文にはドイツの Koch, Mätzner, Einenkel 及び Wülfing の名前が挙げられている。本文中で言及されている英国の学者は Sweet のみと言ってもよい。索引によれば Sweet は Jespersen と共に最も多く利用されている。Lawrence 自身ベルリンに留学した経験があり，上に挙げた大塚氏の言葉にも拘らず，Lawrence と Ker の間には少なからぬ隔たりがあったと思われる。さらにオックスフォードの語学者たちはいずれもドイツで学んだ。Napier はベルリン大学で，Sweet と Wright はハイデルベルク大学で学んだ。

1912年に英国に向かった市河博士は，実は英独へ3年間の留学を命ぜられていたのであった。ところが1914年に第一次世界大戦が始まって，ドイツ留学は果たせず，1916年に帰国した。残念ながら留学中の行動は詳らかではない。しかし英国では Sweet はすでに亡く，師を通じて親しんでいたドイツへの留学が叶えられなかった青年学徒の無念は察するに難くない。かつて Sweet が学んだハイデルベルク大学では Johannes Hoops（1865-1949）が初代の英語英文学教授であった。市河博士は晩年に『中島文雄教授還暦記念論文集』（1965）に寄せた「英語学者の手紙」の中に Hoops の手紙も紹介して，1930年にその家を訪ねた思い出を記しているが，Hoops が元来植

物学を志していて，学位論文（*Über die altenglischen Pflanzennamen*, 1889）も第二の著述も植物に関するものであって，「私と一味通ずる所があることを告げて別れた」と書いている。長年教授を務め，〈Anglistische Forschungen〉及び *Englische Studien* の主幹として尽力したのみならず，不朽の『ベーオウルフ』注解 *Kommentar zum Beowulf*（1932）の著者の下で学ぶ機会があったら，どのような影響を受けたであろうか。

帰国後の市河博士

　Sweet に会うことは叶わず，ドイツ留学も果たせなかった市河博士が，Sweet の蔵書を日本に齎し，ドイツの数多くの学位論文を入手して後進の便宜を図った功績は大きい。大正5年（1916）1月帰国後間もなく3月12日に Lawrence が亡くなり，同年日本人として初めて市河助教授が英語英文学講座を担当し，大正9年（1920）から昭和21年（1946）定年退職するまで教授として指導的地位にあった。

　大正13年（1924）に東大英文科に入学した中島文雄先生が出席した市河教授の講義題目は「英語語源論」「古代中世英語演習」「シェイクスピア講読」の三つであった。英語語源論はラテン語，ギリシア語，ゴート語の手解きを基礎にした実質的なもの，古代英語は Sweet の *Anglo-Saxon Primer*，中世英語は Chaucer, *Canterbury Tales* の *Prologue* と *Knight's Tale*，シェイクスピアは *Othello* を半年で読了して別の劇に移った。これらが発展して後年の著書『ラテン・ギリシヤ語初歩』（1930），『古代中世英語初歩』（1935）及び英文学叢書のチョーサーやシェイクスピアの注釈になった（中島文雄『英語の時代に生き

て』(1989) による)。

『古代中世英語初歩』

　ラテン・ギリシア語や古代中世英語の初歩的知識と文学作品の講読が市河博士の考える英語学の基礎であったと思われる。『古代中世英語初歩』の「はしがき」には「英語の科学的研究をするのにもっとも基本的な準備は古代英語及び中世英語の初歩的知識を得ることである。...それはとりもなおさず英語発達史の組織的研究の基礎付けとなるものである」と書かれている。しかしその後には「わたくしは日本人としてはどこまでも現代英語の研究に重きを置くべきであり，古代及び中世英語の研究は労多くして効少いものであると信ずる者である」と述べられている（昭和30年の改訂新版による。この「はしがき」は松浪有氏による現行の改訂版『古英語・中英語初歩』にも残されている）。これは指導的立場にあった博士の発言として影響力の大きいものであったに違いない。正直に言って，かつてこの「はしがき」を読んだ時に，私はこのような先生から教えを受ける機会がなかったことをむしろ幸いと思った。というのはこの文章は，初歩的知識は必要であるが，深入りすべきではないと受け取れ，私は好奇心があれば深入りして一向に差支えないと思っていたからであり，また「効少い」の意味がよくわからず，「効果」が少ないとはどういうことなのか，「労して功なし」とはいうが，「功」を求めるのは正しくないと思っていたからである。

　私は昭和25年に東大に入学して中島文雄先生から古英語・中英語の手解きを受けたが，Chaucer や Langland の作品の読

み方は専ら語学的で，文学的感動は得られなかった。東大における中世英文学不在の原因は市河博士以来のその扱い方に起因するのかも知れない。それはまた文学と語学の乖離を促進することにもなった。

　日本の英語学は文法中心で，市河時代の主流はSweetからJespersenへの道を辿った。しかしオックスフォードでSweetを祖述したのはH. C. Wyldであると言って，大塚高信氏は「Wyld時代のOxford学風を伝え，動もすれば語学者は文学と遠ざからうとする悪い傾向に対して，身を以って之を戒めたのは西脇順三郎氏である」（「小史」）と述べる。西脇氏は1922年にオックスフォードで中世英語英文学を学び，それを厨川文夫氏に伝えた。主流ではなかったとは言え，日本の英語学成立過程におけるその意味は計り知れない。

『英語学とは何か』

　昭和22年（1947）に市河教授の後任として東大教授に就任した中島文雄先生は，昭和4年（1929）より2年間英国に留学し，滞英中の研究成果を帰国後『英語学とは何か』（京城帝国大学法文学会編，言語・文学論纂，1932；講談社学術文庫，1991）として発表した。その「6 英語学の任務」の冒頭はつぎの如くである。「英語学が英語という個性を具えた言語を対象とする以上，フィロロギーとして成立する。フィロロギーは特殊フィロロギー（Specialphilologie）に本領を見出すものであるから英語学はまずイギリス・フィロロギーである。英語学は英語を第一にはフィロロギッシュに研究しなければならぬ。即ち英語の発展を歴史的生命において理解する英語史である。」

また『英語学研究方法論』(1941)には「英語史研究は英語学の本体をなすもの」と書かれている。

『英語学とは何か』の文庫本には平成3年4月付の「あとがき」があり，その書き出しはつぎのようである。「私の大学生時代には英語学は英語で English philology といって English linguistics とはいわなかった。英語学専攻の学生は英文学科に属しており，文学書の講読は英語学専攻の学生にとっても重要な科目であり，また興味もある勉強であった。」当時先生は86歳であったが，これは先生が公表された最後の文章と言ってもよいもので，公職を離れた先生の心境が窺われるような気がする。

英語学は English philology から English linguistics に変わったと言われる。市河三喜編『英語学辞典』(1940)の英語名は *The Kenkyusha Dictionary of English philology* であったが，大塚高信・中島文雄監修『新英語学辞典』(1982)の英語名は *The Kenkyusha Dictionary of English Linguistics and Philology* となって，本体であるはずの philology が付け足しになっている。

中島先生は滞英中にロンドン大学の University College で Ker の後任である R. W. Chambers の教室にも出られた。後に『英語の時代に生きて』に次の Chambers の言葉を引用しておられる。

 Now, in speaking of Philology at University College, I wish to use the word in the older, broader, and more correct sense, including the study of literature as well as the study of language. University College was the first place in England where chairs were established in the Language and Literature of

England and of other modern countries; and within these walls the study of language has never been divorced from the study of literature. (R. W. Chambers, "Philologists at University College, London," in *Man's Unconquerable Mind*, 1939)

英語学の成立に向けて

　市河博士も中島先生も，講義題目から察して，英語史と中世英語英文学を主な受持ち分野としながら，語学と文学を切り離さない考えを持っておられたであろう。しかし現実は異なり，文学から離れて言語学の方向に向かって行った。英語学は英語という個別言語を対象とする学問で English philology であり，文学を含めた英語文化と深く係わっていて，一般言語学とは本来別の学問である。English linguistics と言われているものは，linguistics が英語を材料にしている場合の便宜的呼称に過ぎない。このことを自覚していないと，英語学は十分な成立を見ないうちにその identity を失う虞がある。多様な学生を擁する影響力の大きい大学においては，バランスのとれた体制を整える責務がある。

13. 日本の英語学 25 年 ［英語史］

　日本における英語史研究は，1960 年頃までは，紹介の時期であったと言ってよい。1963 年に山川喜久男『英語における準動詞の発達と特質』が，翌年，松浪有『英語史研究』が，いずれも松柏社から出版されたが，これらは先駆的な業績であった。当時私は，テクストを読みながら例を集め，新しい事実を発見することに喜びを見出していたが，当初から歴史的興味でものを見る傾向があった。この傾向は今に至るまで変らず，いわば初心のままに，しかし研究の対象は必ずしも固定せず，自分の仕事も続け，同じような観点から他人の研究も見ていた。

　1970 年代に入ると，長年の研究をまとめた丹羽義信『古代英語動詞接頭辞 Ge- の研究』（松柏社，1973）が刊行されたが，私の関心は，むしろ若い方々の雑誌論文や紀要論文を通して窺われる，英語史研究の将来にあった。それは『英語年鑑』（研究社）に 1975 年 4 月から 1978 年 3 月までの 3 年間の研究を回顧した時に感じたことであった（『英語年鑑』掲載の拙文は拙著『英語史研究室』［南雲堂，1990］に再録した）。そして，それから十数年を経た今日，私の期待は誤りではなかったことが証明された。（なお音韻史については荒木一雄氏が執筆されるので，ここでは取り上げないことをお断りしておく。）

● Masatomo Ukaji, *Impreative Sentences in Early Modern English* (Kaitakusha, 1978) は生成文法を用いているが，豊富

な例に基づく研究である。歴史的研究が OE, ME に片寄っている時,初期近代英語を扱う宇賀治氏の研究は,『英語史Ⅲ A』(英語学大系 10-1 [大修館書店, 1984])における同氏の統語論と共に貴重である。

● Kazumi Manabe, *Syntax and Style in Early English: Finite and Non-Finite Clauses c900-1600* (Kaibunsha, 1979) は,OE から初期近代英語にいたる期間の finite clauses と non-finite clauses の頻度を調査し,前者が漸減し,後者が漸増して,16世紀には両者の比率が逆転することを実証したものである。文体にも注意を払っていることは注目すべきである。

● Michiko Ogura, *The Syntactic and Semantic Rivalry of Quoth, Say and Tell in Medieval English* (KUFS Publication, 1981) は OE の verbs of saying である *cweðan, secgan* 及び *tellan* の統語法と意味における重なり合いと使い分けを明らかにし,その歴史を ME まで辿ったものである。大体において *cweðan* は *say* に *secgan* は *tell* に置き換えられるというが,このような 'rivalry' の視点からの研究は動的で興味深く,この種の研究はもっと行なわれればもよいと思う。

● Hiroshi Yonekura, *The Language of the Wycliffite Bible: The Syntactic Differences between the Two Versions* (Aratake Shuppan, 1985) は Visser の方法に基づいた,ウィックリフ聖書の動詞統語法の記述的研究で,Early Version と Later Version の詳細な比較が行なわれているが,歴史的考察も加えられているのでここに挙げてもよいであろう。(ついでながら米倉氏の研究は Sadao Ando, *A Descriptive Syntax of Christopher Marlowe's Language* (Univ. of Tokyo Press, 1976) に負う所が大きいというが,個人言語の記述的研究も歴史的研究に貢

献することは言うまでもない。)

● Matsuji Tajima, *The Syntactic Development of the Gerund in Middle English* (Nan'un-do, 1985) は ME の 183 種のテクストから用例を蒐集して，動名詞の発達を見直し，幾つかの用法については，これまでより早い初出例を示すなど，新しい知見を加えたものである。その意味で，明快で，筋の通った研究であるが，解釈上の問題が残ることは否定出来ず，また文体への顧慮が望まれる所である。言いかえれば，あいまいな例を統計上どう処理するか，また韻文・散文の相違のみならず，様々な文体を有する書き言葉ないしは文学語から成る作品の用例を十把一からげにして統計をとるということはどういう意味があるのか，ということである。意味がないというのではない。このような考慮が必要だと考えるのである。

● Michiko Ogura, *Old English 'Impersonal' Verbs and Expressions,* Anglistica, Vol. XXIV (Rosenkilde and Bagger, 1986) はいわゆる「非人称」動詞及び「非人称」表現の定義を修正し，van der Gaaf 等が研究した非人称構文から人称構文への推移の問題を見直したものである。厖大な資料に基づき，タイプによってグループ分けして，個々の動詞及び表現について克明に記述し，様々な種類の表現を一つ一つ具体的に例示している。*lician* や *ðyncan* に，すでに OE の時期に人称構文があって，「非人称」から「人称」への「発達」というのは不適当で，実情は「非人称」用法の多かった動詞が時と共に「人称」構文の方がふつうになったといった指摘 (20 頁) など重要である。しかし分類的・記述的であって，細部に詳しいが，全体として明快な読後感が得られないという物足りなさが残ることは否定出来ない。数多くの表，豊富で多様な用例からもっと多くのも

のが読み取れないものかと一種の歯痒さを感じる。Michiko Ogura, *Verbs with the Reflexive Pronoun and Constructions with Self in Old and Early Middle English* (D. S. Brewer, 1989) からも同じような印象を受ける。いずれの場合も、よく調べられ、新しい事実が明らかにされていることは確かであるが、それを越えたものをつかむことが、著者の今後の課題であろう。

● Kazumi Manabe, *The Syntactic and Stylistic Development of the Infinitive in Middle English* (Kyushu University Press, 1989) は ME における主語及び目的語としての不定詞の著しい発達を finite clause との比較において考察したものである。厖大な資料に基づいて、各動詞について、精密な調査が行なわれ、Visser の所説に幾つもの修正を加えている。それのみならず、不定詞と finite clause の分布について、個々のテクストの文体的特徴をも明らかにしている。先に挙げた真鍋氏の *Syntax and Style in Early English: Finite and Non-finite Clauses c900-1600* (1979) では不定詞のほかに分詞、動名詞も扱われており、時期も OE から初期近代英語と広範囲であったが、新著では時代を ME に、対象を不定詞と finite clause に限った代わりに、資料を増加して、調査も一層緻密になっている。特に文体的特徴についての説明は今後の研究にとって示唆的である。しかし真鍋氏の研究からやや平板な印象を受けるとすれば、特に前著の場合がそうであるが、finite clause が減って non-finite clause がふえるという大筋はすでにわかっていることで、それを綿密に調べた結果やはりその通りであったということのためであろう。大筋がそうならば、調査の意義は細部にあり、そこから、もしあるとすれば、期待される意外な事実であろう。そ

して新著にはその萌芽が窺われる。

● Hiroshi Ogawa, *Old English Modal Verbs: A Syntactical Study,* Anglistica, Vol. XXVI (Rosenkilde and Bagger, 1989) は OE の法動詞 (agan, cunnan, *durran, magan, *motan, *sculan, þurfan, willan, wuton) についてのこれまでになく詳細な研究である。これらの法動詞の用法が, 詩, 900 年頃以前の散文, それ以後の散文に分けて, また散文は narrative, argumentative, scientific, legal, homiletic 等に分けて論じられ, 法動詞の頻度は散文より詩の方が高く, 散文では narrative より argumentative, homiletic の方が高く, legal, scientific はその中間であることなどが明らかにされる。さらに命令や願望の動詞(など)に支配される dependent desires における法動詞の用法も調査される。いずれの場合にも定動詞との比較が行なわれている。そして法助動詞は仮定法に代わるものだという 'substitution theory' が通説であるが, 900 年以前の散文の方にそれ以後の散文より法動詞が多く, 法動詞の頻度はジャンル・文体などによって決定され, 'substitution theory' は無効であると結論される。これは注目すべき発言であるが, このミクロ的な事実とマクロ的な傾向との間にいかに折り合いをつけるかが, 今後の課題であろう。

小川氏の著書は厖大な資料を駆使し, ジャンル・文体・時代, 時には Ælfric と Wulfstan のように個人間の相違を明らかにし, 緻密でありながら(というより緻密であるために可能なのであるが), 時には大胆な推論を行なって興味を覚えさせるという, すぐれた研究である。小川氏は多くのテクストを読み, 用例を集めて統計を取り, それを表の形で示しながら, それで終わらせずに, 表の数字をよく読み, その意味をよく考えている。用例

の場合もそうであって，このように対象をよく考えることから様々な問題が浮かび上がり，それとのアナロジーで別の問題と結び付き，研究にふくらみが出て来る。さらに読者はそれを自分の問題と呼応させて刺激を受ける。このような交流によって学問は進歩するのだと思う。

　以上，日本の研究者による英語史に関する何らかの意味でオリジナルな単行本を何点か取り上げ，時にはなくもがなの感想を交え，また時にはわが身を顧みずに苦言を呈して来たが，気が付いて見ると，すべてが英文で書かれていて，その何冊かは国外で出版されている。そしてその多くは，私がかつて，その著者達がまだ論文を書き始めてそれ程年月の経っていない時に，その仕事を大きくまとめられればよいと期待した方々の業績である。このようなことは25年前には想像出来なかった。これは一言で言えば日本が国際化したということであろう。具体的には，若い人々が次々に留学して，本国で学び，英語で自由に論文を書くことが当り前になったということでもあろう。英語史に限ってみるならば，近年特に OE 研究は国外でも盛んであり，日本との交流も少なくない。Toronto 大学からは *A Microfiche Concordance to Old English* (1980, 1985) が刊行され，進行中の *Dictionary of Old English* の編者となるべきであった故 Angus Cameron が1980年代に来日した。Oxford 大学からは *Old English Syntax* (1985) の著者 Bruce Mitchell が再度（1984, 1989）来日した。このような状況の中で，我々は最早外国人ということにとらわれずに研究をすることが出来，国際的に通用する研究をいわば義務づけられることになる。しかし国際化は必ずしも一流を意味しない。国外の研究に出来不出来があるように，国際化した日本人の研究も同様である。国

外，国内を問わず，すぐれた研究は，すぐれた素質を持つ学者のたゆまぬ努力から生まれる。そしてその気運はすでに現われている。今後が楽しみである。

14. 三十年の思い出

　敗戦の翌年のある真夏の午後，社寺を訪れることもなく，河原町を一人で歩いていた。目的がなかったわけではない。イギリスの言葉と文学に関心を持ち始めていた私は，度々神田を歩いた。その日も，京都にある祖父母の家に滞在中で，古書を求めて町を歩いていた。その時目に入ったのは，岩波文庫の『ベーオウルフ』だった。混み合った帰りの夜行列車の中で読みふけった。

　その本は，どういうわけか，今は手許にない。今あるのは，昭和26年の秋，本郷で買ったものだ。その前の年に大学に入って，中島文雄先生から古・中英語の手ほどきを受けたが，テクストは，厨川先生の『古代英語』と『古代中世英語入門』だった。

　先生に初めてお目にかかったのは，確か昭和31年の4月だった。当時私は学習院大学に勤めており，先生は講師として出講されていた。御著書を通じて仰ぎ見ていた先生から度々お話を伺うことが出来たのは，まことに仕合せであった。『アングロ・サクソン年代記』の言葉を調べていると申し上げると，種々の写本を比較出来るソープの版を「御入用の時にはお貸ししますよ」と親切に言って下さった。弟子でもなく，ほとんど初対面の者に対して，大変有難いお言葉だった。

　その後拙論をお送りすると，必ず御返事を頂いたが，それに

はいつも，感想や批評のお言葉が書かれていた。ある時は，御入院中にもかかわらずお手紙を下さったが，引用文の解釈についての御意見が詳しく記されていた。また昭和50年3月28日付のお葉書には「英語史に於て地方言の差異を無視して，縦に変遷を見る行き方に対する疑問，全く御同感です。写本の variants を調査して，言語を研究するために，*Ancrene Riwle* で EETS がやったようなテキストが，他の作品についても望ましいですね」と書かれている。

先生には，日本英文学会の大会，中世英文学談話会，そして中世イギリス研究資料センターの会などで，お目にかかることが少なくなかった。御自身がお話しになる時には，如何にも楽しそうで，止まる所を知らぬ趣であり，他人の研究発表に対しては，穏やかな中にも厳しさのこもった御意見を述べられた。このような先生の前で研究発表をすることは，大変な緊張を要することであった。発表の準備をしながらも，聴衆の中におられるかもしれぬ幾人かの方々の顔がちらつくものだが，先生はその中でも際立っていた。ある年の学会のために，チョーサーの言葉に関する発表の準備をしていた時にも，厨川先生と桝井迪夫先生がどんな質問をなさるだろうかと考え，一通りの準備を終えた後に，気になることを調べ始めた。それは，ひそかに思っていた通り，学会での両先生の質問に答えるのに役立っただけでなく，その後の私の仕事にも益する所大であった。学会の後で先生は，チョーサーの言葉の複雑さは，言語理論などで解決出来るものではなく，写本を詳しく調べる必要があるということを言われた。先生のこの力強いお言葉は，私にとって大きな力となり，私を，ためらうことなく，写本間の異同の調査という細かい仕事に向かわせた。

その頃ある会でお目にかかった時に，近くウォールター・ヒルトンの『完全に関する8章』の校訂本をお送り下さると言われ，「その中に may のインフィニティヴがありましたよ」と嬉しそうに話された。このように，お会いすると，ほとんど挨拶抜きで，すぐに研究に関することを話されることが多かった。昨年の夏の談話会で古英語の語彙について研究発表をした時には，先生の御批判を仰ぎたいと思っていたのに，御健康が許さなかったのであろうか，先生のお姿は見られなかった。先生のお見えにならない学会は物足りない。その時の発表のごく一部を書いた小文がのったのは，皮肉なことに，『英語青年』の先生の追悼号だった。淋しいことである。

　先生は心から学問を楽しまれた純粋な学者だった。それは不動の信念をお持ちだったからこそ可能だったのだ。流行に左右されたり，流行を気にして動揺したりする人の少なくない学界において，これは貴重な態度である。何よりもその点で，先生は私の心の支えだった。私は弟子ということは出来ないが，私の方からは，ありきたりの意味でなく，「先生」と呼ぶことを許して頂きたい。『ベーオウルフ』の訳者として知ってから30年以上，初めてお目にかかってから20年余りになるけれども，講筵に列したことも，お宅に伺ったこともない。今はそれが悔やまれるが，先生との比較的僅かな接触にもかかわらず，それが極めて密度の濃いものであったことは，仕合せであったと言わなければならない。

15. 中島先生と英語史

　1950年4月，入学式の数日前に，新宿の古書店で中島先生の『英語学研究方法論』(研究社英米文学語学講座，1941) を見つけ，購入して早速通読した。その「結語——学問研究について」の最後に，本居宣長の『うひ山ふみ』からの引用があったのも印象的だが，「英語史研究は英語学の本体となすもの」(p. 18) という言葉は今もはっきり覚えている。間もなく始まった「英語学研究」と題する講義では，幾つかの話題が取り上げられたが，最初は言語学の歴史と英語学に関するもので，文献学的な英国の学風の説明もあった。そこで初めて R. W. Chambers を知った。その講義の次の話題は借入語で，翌年出版された『英語発達史』(岩波全書，1951) に含まれている。同年の講義「英語学概論」も歴史中心であった。その他，私は古英語，ラングランド，チョーサーの演習に出席した。このように，中島先生から受けた授業はすべて英語史的であったと言ってもよい。私はごく自然にチョーサーの英語で卒論を書いたが，その時お願いしなかったのに，図書館からコンコーダンスを借り出して下さって，大変有難く思った。

　私の学年は旧制の最後で，当時の大学院には授業はなく，勤めながら一年に一つリポートを提出した。その一つについて，先生が「面白かった」と言って下さったのが励みになって，歴史的研究に深入りすることになった。そのうちに「もう学位が

取れるだろう」と言われて、驚きながらも素直に従って、それまでに書いたものを纏めると、先生は出版社に話して下さって、それが『英語法助動詞の発達』（研究社，1969）となり、それによって学位を与えられた。

こう書いていると、先生と接触する機会は決して多くはなかったけれども、私を見守っておられて、節々で声を掛けて下さったのだと思って、今更ながら感謝の気持が沸いてくる。ある時有為な新進の学者の不幸があった後にお目にかかると、「フィロロジーはいいね」とつぶやくようにおっしゃった。複雑な気分になった。

先生がイギリス留学後に発表なさった『英語学とは何か』（1932）には、「英語学はまずイギリス・フィロロギーである。英語学は英語を第一にフィロロギッシュに研究せねばならぬ。すなわち英語の発展を歴史的生命において理解する英語史である」（講談社学術文庫（1991）による）と書かれている。私はフィロロジカルな英語史研究をしているが、すでに大学入学以前に先生の当時の思想に接していたことと無関係ではないと思う。

1987年の夏、R. W. Chambers の *On the Continuity of English Prose from Alfred to More and his School* (1932) を齊藤俊雄氏と共訳してお送りすると電話を下さって「Chambers にはロンドン大学で習った」とおっしゃった。『英語学研究室』（研究社，1956, p. 113）と『英語の時代に生きて』（研究社，1989, pp. 27-28）に *Man's Unconquerable Mind* (1939) 収録の "Philologists at University College, London" からの引用がある。そのフィロロジーについての "including the study of literature as well as the study of language" という考え方は最後

まで先生の思想の底流にあったのだろうと思う。

［追記］
　上の文章を書いた時には見つからなかった 1951 年度の講義「英語学概論」のノートが最近出て来た。「言語の学問と英語学の発達」という題で、「Ｉ．英国の文献学研究。II．言語学的研究——英語学：第一期（1816-c.1870），第二期（c.1870- ），第三期（1890 年代）」となっているが，最後の方ではその後にも及んでいる。

　このノートは先生の校閲を経ており，所々に流麗な筆蹟で朱が入っている。これは当時，学生のために試験前に講義のプリントが作られ，学年始めに私がプリント部からそのためのノートを取るように頼まれたからである。そのお蔭で（プリント作製の時間的制約のため最後の部分を除いて）先生の朱入りの貴重なノートが手許に残ることになった。

V　フィロロジーの道

16. ディレッタントの道

　敗戦の年，武蔵高等学校尋常科（4年間で，中学に相当）3年生だった。9月半ばに授業が再開された。その時英語を教えて下さったのは，確か，横井徳治，加納秀夫，矢島剛一の3先生だった。教科書はなく，先生が黒板にテキストを書かれた。プリントのこともあった。しかし久し振りに空襲の心配なく勉強できることは嬉しかった。

　3年の終り頃，加納先生がワーズワスの詩を一つ教えて下さった。英語は以前から好きだったが，英詩に接したのはそれが初めてだった。その頃から英語は学科というよりも，趣味の対象に移って行った。よく100円札1枚貰っては，神田の古本屋街を歩き回った。研究社英文学叢書の赤い版のシェリーが25円だった。

　一時千葉に暮して，ぎゅう詰めの総武線で2時間半かかって通学したが，4年生の夏，焼け跡の露店で，「英語青年」という雑誌を見つけ，買って帰った。東大英文科講義題目などが並んでいた。まだ遠い存在だった。

　学校では文法や作文は，独立しては教わらなかった。そのせいか，日本語でのそういう本は手にしたことがなかった。ある時古本屋で見つけた，きたならしいネスフィールドの文法を，それでも買って読み出すと，面白くなった。同じ頃，市河三喜著『英文法研究』も手に入れた。厨川文夫著『古代英語』を開

いた時、異様な言葉に驚いた。何日か夢中になったが、投げ出した。しかし英語に歴史があることを知った。

高等科へ進んでからも同様で、ワーズワス、キーツ、シェリー、シェイクスピア……と読んでは、時に訳してみた。キーツの「聖マルコ祭の前夜」にある古詩の引用が、妙に印象に残った。英語の詩と英語史が結び付いたような気がした。ある夏休みに、学校の図書室で借りた、イェスペルセンの『英語の生長と構造』を、ノートを取りながら読んだ。新鮮だった。

東大に入ってからも、私の中では、文学と語学は分離していなかった。しかしいつかはいずれかに決めねばならなかった。語学が全部好きなわけではなく、多少とも親しんで来た文学から離れたくはなかったが、それはそれでそっとしておけばいいと思った。語学に決めたのは2年の時だが、研究法に迷い、ソシュール、フォスラー、中島先生、時枝誠記氏などの本を読んだ。それからは卒論をまとめることで精一杯だった。そして卒論の時の問題がその後ずっと尾を引いた。

私の英語に対する興味は、初めから歴史に傾いており、文学と切離せなかった。また学問の動向よりは、自分の問題にかかずらわっていた。ディレッタンティズムのにおいがする。こういうものが英語学かどうか、そしてそれを志望したと言えるのか、それは人の判断に任せるよりほかない。

17.『フィロロジーへの道』から「フィロロジーの道」へ

　『フィロロジーへの道』(研究社出版, 1981) を出してから20年近くになる (以下年数は2000年11月現在)。その「あとがき」に「脱稿後間もなく，私は50歳になった。人生行路の半ばはとっくに過ぎているが，フィロロジーへの道の半ばにも達していない」と書いてある。還暦を過ぎて3年以上経った1994年の春，『英語青年』の連載を引き受けた時に，各回の話題は異なってもいいが，全体を通した題をつけてもらいたいと言われて，13年前に半ばにも達していなかった道を今歩んでいると言ってよいのかというためらいはあったが，「フィロロジーの道」とした。あの本を出した後に英語で書いた論文が大分溜まったので，それを材料にしてその後の考えなども入れながら書くことにした。

　私がこれまで歩んで来た道を振り返ると，大雑把に言って，法助動詞の発達から古英語の語彙を経て個々の作家や作品の言葉に向かっているようである。その跡を辿った後に，フィロロジーと私の関わりについて考えてみたい。これが今回の連載へのアポロギアとなれば幸いである。

法助動詞の発達

　半世紀近く前のことになるが，卒業論文のテーマを決めなけ

ればならなくなった時に、「文献に現われた個々の例の解釈から出発するというその頃の私の欲求を満たすには、個々の語が具体的な意味を持っていることが望ましかった。しかも文法的研究でなければならなかった。そういう風に考えてくると、法助動詞が最もふさわしかった。それならば助動詞全部ということになった。ここに至るには、時枝教授の講義で、江戸時代の国語学者、鈴木朖が、『てにをは』すなわち助詞助動詞などを『詞につける心の声なり』と言っていると言うことを聞いたことも、誘因の一つになっていたと思う。古英語か中英語かと考えたが、中英語の方が取っ付きやすいので、結局平凡にチョーサーに決めた」(『フィロロジーへの道』83頁)。

この引用からも私の関心が始めから文献における語の意味の解釈にあったことは明らかである。「文法的研究でなければならなかった」というのは、後に学生時代を振り返って書いたことだが、当時の私にはそれが当然と考えられたというよりも、私にそのように考えさせる雰囲気があったということである。大学卒業後接するようになった宮部菊男教授も文法中心で語学の領域を逸脱することを避け、常に新しい言語学を意識しておられた。私は新しい言語学にどうしてもなじめず悩んでいたが、やや遅れて接した厨川文夫教授においてフィロロジカルな語学と文学が渾然一体となっていることに親近感を覚えた。

1953年に大学を卒業して学習院大学の助手となったが、東大の大学院(旧制)にも籍を置いた。当時は大学院の授業はなく、一年に一つリポートを提出すればよかった。その一つでmōtanを扱ったが、それを中島文雄先生が面白かったとおっしゃったので、詳しく調べて学習院大学の紀要に日本語で発表した。それを読んで下さった松浪有教授のお薦めで書いたのが私

の最初の英語論文 "Some Notes on the Auxiliary *motan," *Anglica* 3, 3 (1958), 64-80 (*On Early English Syntax and Vocabulary* (Nan'un-do, 1989, 3-17)) である。数年後 Karl Brunner, *Die englische Sprache: ihre geschichtliche Entwicklung* 第2巻の第2版(1962)にこの論文が取り上げられていたのは大変励みになり，論文は出来るだけ英語で書こうと思った。

後に『英語法助動詞の発達』(研究社，1969)に纏められた数編の論文を書いたのは1955年から65年にかけてである。それらを執筆順に見ると，個々の法助動詞の意味とその変遷に関心がありながら，体系的な叙述をも考慮するという当時の私の心の揺れが浮かび上がってくる。1969年1月に記した「はしがき」には「資料として用いた文献は，ジャンル，文体などの点で多様であって，現代語の場合のような比較的等質的な多量の資料を提供しない。それにもかかわらず，資料の特色を十分吟味しながら，一般的発達の理解に役立たせねばならない。これらは過去のある時期にいかなる言語表現の可能性があったか，そして具体的な文献においていかなる性質を持った表現が選択されたかを明らかにすることともいいかえることができ，歴史的研究が避けることのできない言語学及び文献学の両者にまたがる課題である」と書いたが，これは口先だけの反省ではなく，論文と単行本の間における研究の結果としての感想でもあるので，その間の事情をつぎに記しておく。

1967年の日本英文学会第39回大会シンポジウム「英語における Modal Auxiliaries の発達について」のためにチョーサーの *The Canterbury Tales* を調べた時に，法助動詞の頻度と物語のスタイルの間に関係のあることに気付いた。後に発表した "A Statistical Study of *shall* and *will* in Chaucer's *Canterbury*

Tales and Its Relevance to Style", *Poetica* 3 (1975), 33-44 (ibid., 123-36) はそのシンポジウム会場におられた桝井迪夫教授のお薦めによるものである。シンポジウムの後で厨川教授はチョーサーの言葉の複雑さは言語理論などで解決できるものではなく，写本を調べる必要があると言われた。それが切っ掛けになって書いたのが "Chaucer's Variants and What They Tell Us ─ Fluctuation in the Use of Modal Auxiliaries", *Studies in English Literature*, English Number 1969, 51-74 (ibid., 91-121) である。

以前から中島先生のお薦めがあったので，1969年の春に法助動詞の本が出来上がるとすぐにそれを学位請求論文として東京大学に提出した。その年の秋から翌年の春までフルブライト研究員としてペンシルヴェニア大学で学んだ。留学中に印象的だったのは，日本の英語学界は流行に敏感で，それ以外のものは古いとされるのに対して，アメリカには多様性があって，落ち着きが感じられたことである。数日のイギリス滞在中に日帰りで初めて訪れたオックスフォードで Bruce Mitchell に会った時に，一層その感を深くした。しばらく日本を離れていた間に本来の自分を再発見したのかも知れない。とにかく帰って来た時には前よりも安定した気分になっていた。帰国後勤務校の東京都立大学で大学院の授業を担当することになった。同僚の松浪教授にフィロロジストを育てるようにと言われて，授業では古英語や中英語のテクストを精読することにした。

1971年に論文審査の面接を受けたが，柴田武教授は，詳細な事実を明らかにすればよいので，体系的な叙述を試みる必要はないと言われた。これは主査である宮部教授が言語学を気にして私に示唆したことであったが，柴田教授の言葉によってそ

の必要はなくて自分の思うままにすればいいのだと思って安心した。

1972年7月の中世英文学談話会で「中英語研究における諸問題について」(本書第1章)という話をした。この中で私はindividual speech の記述を積み重ねるという方法をとる歴史を philological history of language と呼んだ。これは言語変化の一般的原理を求める歴史言語学としての English historical linguistics とは一線を画したものである。

古英語の語彙

学位論文審査の面接の時に審査員の一人である國廣哲彌教授に 'know' を意味した can が助動詞になったのなら, know という動詞はいつ頃から使われたのかと聞かれて, それはこれから研究するつもりだと答えた。その数年後 "Old English Verbs of Knowing", *Studies in English Literature*, English Number 1975, 33-60 (ibid., 139-67) を書いた。この論文について大泉昭夫教授は「これは小野氏の主たる関心が文法から文体や語彙に移りつつあることを示す記念すべき論文であろう」(『英文学研究』62巻1号 [1985], 177) と評している。研究の対象が助動詞から普通の語彙に移ったのは確かであるが, 上に述べたように, 私の関心は初めから文法よりも個々の語の意味にあったので, 本来の関心の継続乃至発展という方が事実に近い。特に古英語の場合, cunnan は助動詞であるよりは認識動詞であるからなおさらそうである。

この論文で用いた資料は, 詩は古英詩すべてで, 散文は *Cura Pastoralis* と福音書である。これらの作品における主な

認識動詞は witan と cunnan で，know の前身である cnāwan は接頭辞 ge-, on-, tō- の付いた形のみが用いられている。この論文ではこれ以外の語は扱わなかったが，特に *Cura Pastoralis* に ongietan が多いことに気付いた。また福音書訳と行間注解に方言的相違があることも分かった。こういうことを明らかにするために，どのような資料を用い，いかなる方法を取ればよいかと考えていた時に出会ったのが Schabram (1965) と Seebold (1974) である。Gneuss (1972) も参考になった。その成果が "The Old English Equivalents of Latin *cognoscere* and *intelligere* —— The Dialectal and Temporal Distribution of Vocabulary", *Miyabe Festschrift* (1981), 117-45 (ibid., 169-227) である。1977 年には Peter Clemoes, 1980 年には Celia Sisam が来日し，二人とも私の話をよく聞いて励まして下さった。

1980 年には Angus Cameron も来日して，編纂中の *Dictionary of Old English* について報告し，語彙研究の必要を説いた。私の関心が古英語語彙に集中してきた時だったので励みになった。同年に *A Microfiche Concordance to Old English* が刊行されて大変有難かった。私が understandan (*Matsunami Festschrift*, 1984, ibid., 215-28), undergytan (*Fisiak Festschrift*, 1986, ibid., 229-41), āgan (1987, ibid., 61-79), 所有動詞 (*Terasawa Festschrift*, 1988, ibid., 243-53; *Schabram Festschrift*, 1993), ēadig と gesælig (1994a, 本書第 8 章), mōtan (1994b, *Poetica* 41;『フィロロジーの愉しみ』(南雲堂) 第 8 章) などについて論文を書くことができたのもそのおかげである。

文学作品の言葉

　私がこれまで行なってきた研究はほとんどすべて文学作品の言葉を対象にしている。そこで作者や作品の性格を考慮に入れることは当然である。法助動詞の場合も古英語の場合も同様である。しかし法助動詞とか認識動詞というような特定の語彙の使われ方ではなく，作品の解釈に直接に関わる語を取り上げるようになったのは最近のことである。その切っ掛けになったのは日本中世英語英文学会第7回大会(1991)シンポジウム「Lancelotの変容——MaloryからMedievalismへ」(司会:高宮利行)での発表「Maloryの言語に見られる曖昧性——Lancelotを中心に」である（本書第9章）。同学会第9回大会(1993)会長講演「Was *eadig mon* (*Beowulf* 2470b) 'Wealthy' or 'Blessed'?」（第8章）も同様である。前者では fayne を 'glad' に取るか 'obliged' に取るかによって Lancelot 像が変わり，後者では ēadig を 'wealthy' と解するか 'blessed' と解するかによって作品解釈が変わる。いずれの場合にもある語が少なくとも二つの意味を持っていて曖昧である。私は直接の文脈のみでなく，その語の全体像に照らして解釈を試みるという方法を取った。*Beowulf* 168 における mōste の解釈（『フィロロジーの愉しみ』第8章）は上の二つとは多少異なるが，ある語の解釈が作品全体の解釈に関わるという点では同じである。

フィロロジーと私

　上に挙げた Malory や *Beowulf* における語の解釈は授業中

に問題になったものである。私は都立大学で17年，昭和女子大学で13年大学院の授業を持ち，前者では古英語か中英語のいずれかの，後者では古英語と中英語の両方の作品を読んできた。辞書を引き注釈を見ながら作品を読むことが，私の生活の中心をなしている。作品をよく理解するためには様々な知識が必要であり，知ることが楽しみである。いわゆる理論は閉じた世界になりがちである。まず言葉から入って作品を，そして作品や作者を産んだ世界を理解することが今の私の関心事である。言葉の知識が何よりも重要であるが，それだけでは十分な理解は得られない。

　法助動詞の発達から古英語の語彙に移ったのは文法から語彙に移ったように見えるが，実はそうではない。古英語の cunnan は 'know' を意味する認識動詞である。同様に古英語の āgan は 'possess' を意味する所有動詞である。従って古英語の認識動詞や所有動詞に興味を持つのは自然である。それらの研究の過程で，方言，時代，個人などによる相違に気が付き，そういう問題に深入りすることも不思議ではない。始めに法助動詞に関心を持ったからといって，いつまでも法助動詞に主な関心があるとは限らない。特に法助動詞についての人の研究を研究する興味は今の私にはない。それよりも古英語や中英語の理解をもっと深めたいと思っている。

　古い時代の言葉で書かれたものを理解すること自体は学問ではないと言う人がいるかもしれない。学問であるかどうかは別として，学問であるとしても，それが語学であるか文学であるかということはどうでもよいことである。語学と文学に分かれる以前のものであるか，語学と文学の両方にまたがるもの，あるいは両者の接点である。特に中世の場合は言葉の知識を前提

とするので，両者を分けることは不可能である。私はふつう語学をやっていると思われている。そこで作品の解釈というようなことを言うと，文学に変わったと言う人がいる。それは日本の特に英文学界で語学と文学を分ける習慣があるからである。言語学的でない語学をフィロロジーと言うのがふつうで，私も便宜的にそう言ってきた。しかし少なくともイギリスでは，philology は言葉の歴史的研究を指すのがふつうである。文学も含むならば，ドイツ語の Philologie を使った方がよいだろう。しかし英語英文学の世界でフィロロギーと言うのはスマートではない。本章の題名を「『フィロロジーへの道』から「フィロロジーの道」へ」としたが，今は「私自身の道」でよいと思うようになった。外に「学」があってそれに自分を合わせるのではなく，名前は何であれ，自分の好きなことを一所懸命にすればよいのだから。

　　What's in a name?

VI 書評

18. W. ラングランド著・生地竹郎訳『ウィリアムの見た農夫ピァズの夢』

　5月のある朝，モルヴァーンの丘で，詩人は夢を見る。東には丘の上に塔がそびえ，足もとには深い谷間があって，その中に土牢がある。丘と谷間の間には野原があって，あらゆる種類の人々が，現世の営みを行っている。そこへ〈聖なる教会〉姫が現われて，塔には〈真理〉（神）が住まわれ，土牢には〈虚偽〉の父なる〈悪〉（サタン）が住むと説明する。姫は，愛に基づいて，善行を伴った信仰によって，真理に至る道を説く。次に〈虚偽〉と結婚しようとする〈報酬〉姫が現われるが，〈神学〉が反対し，王の裁きを受ける。王は〈報酬〉に〈良心〉と結婚することをすすめる。〈報酬〉と〈良心〉は言い争うが，〈理性〉が現われて，〈報酬〉を攻撃する。
　第2の夢では，〈理性〉が野原に群がる人々に説教する。そこへ〈悔悛〉が現われて，その前で，〈傲慢〉，〈邪淫〉，〈嫉妬〉，〈憤怒〉，〈貪欲〉，〈貪食〉，〈怠惰〉の7罪源が罪を告白する。その後無数の人々が〈真理〉を求める巡礼に出かけようとするが，そこに至る道を知る者はいない。そこへ1人の農夫（ピァズ）が現われて，案内を引き受ける。しかしピァズは人々に農耕を命じ，〈真理〉の所から送られた免償証を司祭の前で破棄して，祈祷と償罪の生活を送ると宣言する。詩人はピァズと司祭の口論によって目を覚ます。
　以上がここに訳出された『夢』の大要である。原作ではこれ

に，3部からなる『生』が続く。この14世紀後半のイギリスの長編頭韻詩（Bテクストで『夢』が2400行，『生』が4841行）の作者は，ウィリアム・ラングランドとされており，年代順にA，B，C3種のテクストがあるが，訳書は代表的なBによっている。

上の筋書からわかるように，擬人法を用いたアレゴリカルな作品であって，当時の社会，教会の腐敗を批判し，社会改革を訴え，愛と労働に基づく信仰の生活によって，真理（神）に至る道を説いていると思われる。農夫ピァズは，『生』の部分ではペトロ，キリスト，また神とも同一視される。

14世紀イギリスの代表的作家はいうまでもなく，チョーサーであるが，この方が早くから訳されているのに対して，ラングランドが一般読者に紹介されたのは，今回が初めてであるといってよい。訳者の言葉を借りれば，チョーサーが宮廷的，大陸的，世俗的であるのに対して，ラングランドは庶民的，アングロ・サクソン的，宗教的であり，チョーサーに比して，現実批判の姿勢が著しい。

多年この作品を研究され，先に原作の詳細な注釈書を公にして，学界に寄与された生地氏によって，この作品が日本語に移されたことは，嬉しいことである。訳文はこなれており，行き届いた散文訳であって，詳しい解説は，この難解な作品の理解を大いに助けてくれる。遠い時代の彼方の作品であるから，その時代のコンテクストにおいて理解されることは，もちろん必要であるが，それと同時に「もうひとつの変動の時代に生きるわれわれにも，多くの語りかけるものを持っている」この作品が，もうひとつの生きた古典として迎えられることを希望する。
（篠崎書林）

19. 永嶋大典著『OED を読む』

著者永嶋氏の1年後輩として，同じ大学に学んだ私にとって，本書の「まえがき」がまず，大変なつかしく，学生時代を思い出させる。卒論のために *OED* をよく読みたいと思ったが，研究室の「机上の回転式書架に立ててあるエビ茶色の大きな分冊」辞典を一人占めにするわけには行かない。「ところがそのうち図書館の中をうろうろしていたところ，あまり人の出入りしない部屋の隅の机の上に，背中に "Murray's Dictionary" とある十冊（？）の英語辞典を見つけた」。それが *OED* であることは，当時でもすぐわかったが，背中の文字が記憶違いでなかったことは，最近確かめたばかりだった。何日も図書館に通って，何冊かのノートに *OED* を写したのは，それが英語の歴史的研究の出発点として不可欠だったからであり，それは今でも変わらない。私も *OED* を買い求めたのは大学卒業後であるが，現在に至るまで，*OED* なしの生活は考えられない。

最初の編者マレーの一徹な性格，天賦の才と勤勉，編さんの苦労，これらは幸い孫娘エリザベスによる伝記『ことばへの情熱』（加藤知己訳，三省堂刊）によって伝えられている。しかし本書第1部「『オックスフォード英語大辞典』案内」は，英語辞書史の発端から説き起こして，マレーを中心とする *OED* 成立史に加えて，*OED* と日本の関係にまで筆を進めている。すでに『蘭和・英和辞書発達史』（講談社），『英米の辞書—歴

史と現状』(研究社)の著書があり,近刊の「ジョンソンの『英語辞典』——その歴史的意義」(大修館)の著者によるだけに,簡潔ながら充実し,かつエピソードも交えて面白く語られている。

　第II部「『オックスフォード英語大辞典』を読む」は,*OED* に見られる言語文化史的注記から選ばれた落穂拾い的な読み物であるが,「"忌まわしき"は"非人間的"(abominable)」から始まって,「太っていった小鳥 (bird)」,「"古典"は"教室"から生まれる (class, classic)」,「"粉屋"の美女の名は"花子"(flour, flower)」,「中性代名詞所有格 its の出現」,「"パパ・ママ"はもう古い (man[m]a, papa, pope)」,「"シェイクスピア"はどう綴るか？(Shakespeare)」など興味深い記事が40編並んでいる。最後の「否定の接頭辞 un-」は *OED* の歴史的原理の実際を示している。

　ある程度英語を学んだ者は,1度は *OED* に接すべきである。これだけ充実して,しかも明快で使いやすい辞書は少ないだろう。本書に付された「*OED* を初めて利用する人のために」は初心者のためのガイドになる。

　著者は第II部の「英文法事始め (grammar)」で,フィロロジーを「言語文化学」と呼んでいるが,歴史的原理に基づく *OED* は,我々を広大な言語文化史へ導いてくれる。そして特に現在刊行中のサプルメントに見られる,すべての普通語を収録するという客観的態度は,言葉に関心を持つ人々にとって,範とすべきであろう。(大修館書店)

20. 澤田昭夫監修/日本トマス・モア協会編
『ユートピアと権力と死』

「はしがき」によれば，本書は，日本トマス・モア協会が，トマス・モアの没後450年を記念して企画したもので，「わが国ではほとんど『ユートピア』の著者としてしか知られていないモアの姿を，彼にふさわしい，そして実は『ユートピア』理解のために不可欠な，より幅広い視角から紹介しようとするわが国で最初のモア選集である。」

『ピコ伝』（塚田富治訳），『警句集』（菊池理夫訳），『リチャード三世史』（渡辺淑子訳），『反ルター論』（門間都喜郎訳），『苦難に対する慰めの対話』（澤田昭夫訳）の5作品に加えて，「獄中のモアの祈り『霊的瞑想』（付・原文）」（澤田昭夫訳）が収められており，最後に「トマス・モアの裁判と処刑—解説年譜」（田村秀夫）が本書の理解に不可欠のものとして付されている。5作品のうち『リチャード三世史』は英文原典からの全訳であるが，その他は抄訳である。

『ピコ伝』は翻訳ではあるが，この学問に秀で，徳高く，信仰篤いイタリア貴族の伝記の翻訳・編集を通して，モア自身の思想が伝えられ，『警句集』では，ヘンリー八世とキャサリン王妃の戴冠式の日に捧げられた祝歌で，新王を称えながら，君主の理想像を画くなど，モアの思想と文学的才能が示される。『リチャード三世史』では，シェイクスピアの『リチャード三世』に大きな影響を与えた，極悪非道の王が生き生きと描かれ，

『反ルター論』ではカトリック教会を否定するルターに痛烈な非難を浴びせる。そして『苦難に対する慰めの対話』では「神の助けを全面的に信頼して死に備える」ことを説く。最後の『霊的瞑想』は獄中で『時禱書』の欄外にモアが書き込んだものである。

『ユートピア』の作者であり，大法官の地位にまで上り，ヘンリー八世に対する反逆罪によって処刑された，敬虔なるカトリック教徒トマス・モアの『ユートピア』以外の作品を，この選集は我々に近づきやすくし，モアの人と作品に対する理解を深めてくれる。日本トマス・モア協会は，モア生誕500年記念事業の一つとして，澤田昭夫・田村秀夫・P. ミルワード編『トマス・モアとその時代』（研究社出版，1978）を世に送ったが，この論文集も，『ユートピア』に偏らせないことを編集方針としていて，今回の選集と相俟って，日本におけるトマス・モア研究および紹介において，重要な位置を占めることは疑いない。

明治以来，日本でよく知られている『ユートピア』にしても，現行の岩波文庫版（平井正穂訳）を含めて，主にロビンソンによる英訳（1551）に基づいており，ラテン語原典（1518）からの本邦初訳は澤田昭夫氏によるものであり，中央公論社刊「世界の名著」第17巻（昭和44年）に収められ，その改訳（昭和53年）が中公文庫に入っている。ロビンソン訳は，繰り返しや誇張が多く，原典のスタイルを忠実に伝えていない。モア自身の単純明快なスタイルが論争文や『リチャード三世』の英語にも見られることは，選集からも察せられる。『トマス・モアの生涯』（門間都喜郎訳，大和書房，1982）の著者R. W. チェインバーズは『英語散文の連続性について』（1932）において，

アルフレッド大王以来の伝統を継承するものとしてモアの英語散文を高く評価している。この意味でも，ほぼ時を同じくして，藤原博訳『リチャード三世伝』(千城，1986) が出版されたことは有意義である。(荒竹出版)

21. R. マクラム他著・岩崎春雄他訳『英語物語』

　本書の原著 *The Story of English*（1986）を手にした時に，それが BBC のテレビ番組の副産物だということを知って，ぜひ見たいと思った。ところがそれから約1年たった一昨年秋，NHK から同番組の日本語版の監修を依頼された。そのお蔭で，大変な仕事ではあったが，待望のテレビ番組とじっくり付き合うことができた。とにかく，もとの番組がよいために，日本語版も幸い好評だったようで，御覧になった方も多いと思う。私自身も英語史その他の授業で何度か利用しているが，何度見ても新鮮である。

　一口で言って，英語の形成と世界各地への発展を，これほど具体的に，現地に直接赴いた気分になって見るということは，これまでにない経験であった。単なる英語の歴史ではなく，文字通り英語物語であり，静的でなく動的である。しかし日本語版のテレビ番組では英語版を十分に再現することはできなかった。残念ながら解説も縮めざるを得ず，字幕も制限されている。と言って英語版を聞きこなすことは並大抵の英語力では不可能である。その点では原著も同様で，なかなかの難物であると言わねばならない。その上，いかにビデオテープに録画して繰り返し見たとしても，映像は消えて行く。それを定着させるものは，やはり書物である。原著が大冊であり，一般読者が読みこなすのは困難であるとすれば，残るのは日本語訳ということに

なる。そういうわけで，今回日本語訳が出版されたことは十分意味のあることである。

　本書は「英語について」と題する序に続いて，第1章「英語圏の世界」では，全世界に広がる英語の現状を概観する。第2章「母語」は英語の起源からはじめて，古期英語を経て中期英語に至り，第3章「火の詩神」はシェイクスピアを中心として，欽定訳聖書から清教徒と初期アメリカ英語に及ぶ。

　ここまではオーソドックスな英語史でも背景として一応は触れていることであるが，第4章以下は従来は見られなかったもので，各地域の人と言葉の歴史と現状が，単なる知識としてでなく，有機的なつながりをもって生き生きと述べられている。

　すなわち第4章「懐かしのスコットランド語」と第5章「アイルランドの問題」では，イギリスの言語と民族そして政治とのかかわりからこれらの地域の英語とアメリカ英語の問題に至り，第6章「ブラック オン ホワイト」と第7章「パイオニア達よ！　パイオニア達よ！」では白人に対する黒人の，そしてイギリスに対するアメリカの新しい活力の躍動が伝わって来る。そして第8章「こだまする英語の声」でも特にオーストラリア英語の自信に満ちた響きが聞こえる。最後に第9章「新英語の出現」では，ジャマイカ・クリオール，西アフリカのクリオ語，インドの英語など多様化した英語が取り上げられる。そしてエピローグ「明日の英語」では，英語は今や世界の言語となったが，各地域で独自の英語が生まれつつあると結ばれる。

　このように興味尽きない本書を読みやすい形で一般の読者に提供された訳者諸氏の労は多とする。しかし，訳書を手にして一つ物足りない点を感じたことは否定できない。それは原著にみられる多くはカラーの挿絵が訳書にはないことである。また

原著ではカラーの地図も訳書では白黒になっている。これらの挿絵が省かれていなかったらもっと楽しく親しみやすい読み物になったであろう。しかしその点でも，本書はテレビ番組と補い合って，英語に対する理解を深めるのに大いに役立つものと思う。(文藝春秋)

22. 渡部昇一著『イギリス国学史』

　本書はもと昭和56年4月号から昭和58年3月まで『英語青年』に連載されたもので，当時毎回楽しみにしていた。近く単行本として刊行の予定ということで待っていたが，7年後にようやくその期待が満たされた。その間を著者は主として脚注の充実に用いていたというが，ほとんど全ページに出典を示す参考書——その中には著者所蔵の稀覯書が多い——があげられていて，著者の本書に対する情熱がなみなみならぬものであることを物語っている。

　そもそも渡部氏は，ドイツのミュンスター大学における学位論文の日本語版『英文法史』（研究社，昭和40年）によってユニークな学者として知られ，その後浩瀚な『英語学史』（大修館書店，昭和50年）によってますますその本領を発揮した。しかしこの2著が純粋な意味での専門書であるのに対して，新著『イギリス国学史』は，その題名からも察せられるように，イギリスにおける古学研究が日本における「国学」と意識の上で相通ずるものとしてとらえられている点に，氏の幅広い立場が明示されている。

　イギリスにおける古英語研究の歴史にしても，単なる学史としてとらえられるべきでないことは，すでに周知の事実であって，たとえば E. N. Adams の *Old English Scholarship in England from 1566-1800*（1917）や，D. C. Douglas の *English*

Scholars 1660-1730 (1939, 1951²) が読者に強い感銘を与えるのもそのためである。

　ヘンリー八世がローマ教会から独立して、修道院が解体され、多くの古文書が散佚した。古文書の保存に尽力してイギリス国学の出発点となった John Leland (1506?-52) の活動が本書の前半をなすが、第1章から第4章までにおいて、イギリスの「皇国」史観が説かれ、Leland の立場が明らかにされる。第5章から第14章までは Leland の業績が詳しく紹介され、その遺稿がどのような人々の手に移って伝えられ、出版されていったかが克明に記述されている。

　後半はエリザベス女王のもとでカンタベリー大主教となった Matthew Parker (1504-75) が、イギリス国教会確立のためにアングロ・サクソン時代のキリスト教に帰ることを主張し、古文書を集め、古英語の研究と文献（特に宗教および法律関係）の出版に尽力したことを扱っている。このように本書は Leland と Parker という2人の人物を中心として構成されているが、16世紀後半のイギリス「国学」が文献学的に詳述されているだけでなく、著者の明確な立場によって貫かれていて読者を圧倒する。

　アングロ・サクソン研究の歴史に対する関心は最近特にアメリカで目立っており、期せずして渡部氏の『英語青年』連載中に C. T. Berkhout and M. McC. Gatch (eds.), *Anglo-Saxon Scholarship, the first three centuries* (1982) が出版された。この書物の冒頭にも、古英語文献への関心はイギリスにおける修道院解体と宗教改革にあると述べられている。しかし前掲の Adams, Douglas そしてこの Berkhout and Gatch の扱う主題がアングロ・サクソンの歴史と言語の研究そのものであるのに対

して，渡部氏の新著は，そこにいたる過程を特に Leland と Parker の 2 人に絞って，一つ一つ丹念に，丁寧に辿っていったもので，学史的には上記 3 著のいわば前史としてそれらと相補うものということもできるが，前述のように，単なる学史を超えた，渡部氏の信念と驚嘆すべき豊富な資料に基づいた著作であって，氏にしてはじめてなし得た仕事であると言わねばならない。(研究社出版)

初出一覧

I フィロロジーと英語史
  1.「中英語研究における諸問題について」『人文学報』(東京都立大学人文学部) No. 103 (1974), 25-48.
  2.「中世紀英語散文の文体」寺澤芳雄・大泉昭夫編『英語史研究の方法』南雲堂 (1985), pp. 201-30.
  3.「フィロロジーのために」『英語青年』Vol. 142, No. 12 (1997), 674-76.

II 古英語の語彙
  4.「最近の OE 語彙研究」『英文学研究』(日本英文学会) Vol. 59, No. 2 (1982), 291-300.
  5.「古英語の認識動詞とその歴史的背景」寺澤芳雄・竹林滋編『英語語彙の諸相』研究社出版 (1988), pp. 135-57.
  6.「Standard Old English をめぐって」『学苑』(昭和女子大学近代文化研究所) No. 630 (1992), 2-10.

III テクストと曖昧性
  7.「*Beowulf* 70 行」『英語青年』Vol. 142, No. 1 (1996), 14-16.
  8.「Ēadig mon (*Beowulf* 2470b) は 'Wealthy' か 'Blessed' か」『英語青年』Vol. 140, No. 11 (1995), 584-86 および Vol. 140, No. 12 (1995), 638-40.
  9.「Malory の言語に見られる曖昧性－fayne の場合」『英語青年』Vol. 141, No. 2 (1995), 80-82.
  10.「Fair と fæger」『英語青年』Vol. 142, No. 8 (1996), 434-36.

11.「修辞・多義・廃用——þurfan の場合」——書き下ろし（2000 年 7 月）

IV 日本の英語学とフィロロジー

12.「英語学の成立」『別冊英語青年』（創刊 100 周年記念号）（1998），98-100.
13.「日本の英語学 25 年［英語史］」『言語』（大修館書店）Vol. 19, No. 11（1990），52-55.
14.「三十年の思い出」『回想の厨川文夫』（三田文学ライブラリー）（1979），pp. 71-73.
15.「中島先生と英語史」『英語青年』Vol. 146, No. 4,（2000），242-43.

V フィロロジーの道

16.「ディレッタントの道」『英語文学世界』Vol. 7, No. 8（1972），33.
17.「『フィロロジーへの道』から「フィロロジーの道」へ」『英語青年』Vol. 141, No. 3（1995），117-19.

VI 書評

18.「W. ラングランド著・生地竹郎訳『ウィリアムの見た農夫ピァズの夢』」『週刊読書人』No. 1040（1974），6.
19.「永嶋大典著『OED を読む』」『週刊読書人』No. 1489（1983），5.
20.「澤田昭夫監修・日本トマス・モア協会編『ユートピアと権力と死』」『週刊読書人』No. 1678（1984），4.
21.「R. マクラム他著・岩崎春雄他訳『英語物語』」『時事英語研究』Vol. 44, No. 4（1989），94.
22.「渡部昇一著『イギリス国学史』」『英語教育』Vol. 39, No. 4（1990），97-98

小野　茂 主要著訳書目録

(2000年11月15日現在)

著　書

1959年　『英語慣用句小辞典』（共編）研究社
1967年　『H. スウィート』不死鳥英文法ライブラリー　1（共著）南雲堂
1969年　『英語法助動詞の発達』研究社（1978², 1982³）
1980年　『英語史　Ⅰ』（古英語）英語学大系8（共著）大修館
1981年　『フィロロジーへの道』研究社選書19　研究社
1984年　『英語史の諸問題』南雲堂
1989年　*On Early English Syntax and Vocabulary*　南雲堂
1990年　『英語史研究室』南雲堂
1998年　『フィロロジーの愉しみ』南雲堂
2000年　『フィロロジスト――言葉・歴史・テクスト』南雲堂

訳　書

1973年　H. コツィオル著『英語史入門』（Herbert Koziol, *Grundzüge der Geschichte der englischen Sprache*）南雲堂
1973年　K. ブルンナー著『英語発達史』（Karl Brunner, *Die englische Sprache: Ihre geschichtliche Entwicklung*）（共訳）大修館
1982年　R. バックル編『英国社会階層と言語表現――UとノンU再考――』（Richard Buckle, ed., *U and Non-U Revisited*）秀文インターナショナル
1987年　R. W. チェインバーズ著『英語散文の連続性について――アルフレッドからモアとその一派まで――』（R. W. Chambers, *On the Continuity of English Prose from Alfred to More and his School*）（共訳）英潮社新社
1999年　G. ノールズ著『文化史的にみた英語史』（Gerry Knowles, *A Cultural History of the English Language*）（共訳）開文社
2000年　H. ギルマイスター著『英語史の基礎知識』（Heiner Gillmeister, *SERVICE: Kleine Geschichte der englischen Sprache*）開文社
2000年　『小野　茂訳詩集――ワーズワス、シェリー、キーツ』南雲堂

著者について

小野　茂（おの・しげる）

1930年，東京生まれ。1953年，東京大学文学部英文学科卒業。1969～70年，ペンシルヴェニア大学留学。1971年，文学博士（東京大学）。東京都立大学名誉教授，昭和女子大学教授。国際アングロサクソン学会（ISAS）名誉会員。

主な著訳書に『英語慣用句小辞典』（共著，研究社），『英語法助動詞の発達』（研究社），『英語学大系8 英語史Ⅰ』（共著，大修館），『フィロロジーへの道』（研究社），『英語史の諸問題』，*On Early English Syntax and Vocabulary*（英文），『英語史研究室』，『フィロロジーの愉しみ』（南雲堂），コツィオル『英語史入門』（南雲堂），ブルンナー『英語発達史』（共訳，大修館）などがある。

フィロロジスト──言葉・歴史・テクスト

2000年11月15日　1刷発行

著　者　小　野　　　茂

発行者　南　雲　一　範

装幀者　戸田ツトム＋岡孝治

印刷者　壮　光　舎

発行所　株式会社　南雲堂

東京都新宿区山吹町361番地／郵便番号162-0801
振替口座・東京　00160-0-46863番
電話（営業部）東京　(03) 3268-2384
　　（編集部）東京　(03) 3268-2387
ファクシミリ・東京　(03) 3260-5425

〈検印省略〉　　　　Printed in Japan 〈1G-67〉

ISBN4-523-30067-4　C3082

フィロロジーの愉しみ

小野　茂 著　46判上製　定価（本体3900円＋税）

テクストを読むことからいかに興味ある問題が浮び上ってくるか，論文とエッセイでフィロロジーの意義やたのしさを語る。

チョーサー
曖昧・悪戯・敬虔

斎藤　勇 著　46判上製　定価（本体3800円＋税）

悪戯っぽいまなざしを読者（聴衆）におくる中世のイギリス詩人チョーサー。そのテキストにひそむ気配りと真面目な宗教性を著者は豊富な文献を駆使して検証する！